CATALOGUE

DE

MÉDAILLES

ET JETONS

———

EN VENTE AUX PRIX MARQUÉS

Chez M. Étienne BOURGEY, 19, rue Drouot

PARIS

La Conservation est soigneusement indiquée. Les prix sont nets. Le port à la charge des acheteurs. MM. les Amateurs qui en feront la demande recevront des envois à vue dans le plus bref délai, envois qu'ils seront priés de retourner dans les huit jours.

Un certain nombre de médailles ne se trouvant que par unité, MM. les Amateurs sont priés d'envoyer rapidement leurs ordres. D'autre part, des acquisitions presque journalières me permettent d'envoyer un grand nombre de pièces non décrites dans ce catalogue.

M. Étienne Bourgey achète au comptant, quelle qu'en soit l'importance, les trouvailles ou collections de monnaies anciennes et modernes, jetons, médailles, etc.

MM. les Amateurs auront intérêt, avant de se défaire de leur collection, à la présenter à M. Étienne Bourgey qui fera toujours son possible pour donner un prix supérieur au prix déjà offert par les autres acheteurs.

CATALOGUE

DE

MÉDAILLES ET JETONS

EN VENTE AUX PRIX MARQUÉS

Chez M. Étienne BOURGEY, 19, rue Drouot, Paris.

Médailles.

1 *Antoine bâtard de Bourgogne.* ANTHONIUS B. DE BVRGUNDIA. Sa tête, à dr., ceinte d'un bandeau. R⁄. NUL NE SI FROTE. Bannière ornée d'un chardon, le tout dans une couronne de feuillage. Épreuve de l'époque. Br. 44 mm................ TB.   100 »

2 *Faustine.* FAVSTINA AVG ANTONINI AVG PII FIL. Buste de Faustine jeune, à dr. R⁄. SC. Femmes sacrifiant devant le temple de Diane. Arg. 36 mm. Très belle médaille du Padouan.............   60 »

3 *Commode.* M. COMMODVS ANTONINVS AVG PIVS BRIT. Buste lauré, drapé, de Commode, à dr. R⁄. SALUS. PM. TR.P.X. IMP VI. COS III PP. La Santé assise à g., nourrissant un serpent, près d'une colonne surmontée d'une statuette. Très belle médaille du Padouan. Arg. 44 mm.......   100 »

4 *Macrin.* Son buste, à dr. R⁄. SC. FID. EXERCIT. Macrin haranguant les soldats. Br. Médaille du Padouan. 35 mm..................... TB.   12 »

5 **Henri II.** HENRICVS II GALLIARVM REX INVICTISS. PP. Son buste lauré avec cuirasse damasquinée, à dr. R⁄. RESTITVTA REP. SENENSI. LIBERATIS OBSID. MEDIOMAT. PARMA MIRAND. SANDAMI ET RECEPTO HEDINIO. ORBIS CONSENSV. 1552, dans une couronne. Br. doré. Belle médaille de l'époque. 54 mm.................. ....   80 »

6 *Catherine de Médicis.* KATHARI. REGIN. HENR. II. VXOR. FRANCI. CAROL. ET HENR. REGVM MATER.

Buste de Catherine de Médicis, de trois quarts, à g. R̸. incus. Épreuve déjà ancienne. Br. 164 mm............................... TB.   100 »

7 **Henri III**. HENRICVS. 3. DG. FRAN. ET POL. REX, 1575. Son buste de trois quarts, à dr. R̸. incus. Br. 160 mm. Épreuve déjà ancienne...... TB.   100 »

8 **Charles IX**. CAROLVS IX FRAN. REX CHRISTIANISS. 1573. Son buste, à dr., de trois quarts. Épreuve déjà ancienne. Br.160 mm............. TB.   100 »

9 **Henri IV**. HENRICVS IIII. D. G. FRANCOROM ET NAVARÆ REX. Buste lauré, à dr., avec draperie et cuirasse damasquinée. Très belle médaille de 1606, de Dupré. Br. 127 mm........ TB.   120 »

10 HENRICVS IIII D. G. FRANCIÆ ET NAVARRÆ REX ID. Buste lauré avec cuirasse damasquinée. R̸. CATHALAVNENSIS FIDEI MONVMENTVM. A.A.A. F. F. 1591. Instruments de monnayage. Méd. ancienne, mais postérieure à Henri IV. Arg. 36 mm..................................... TB.   30 »

10 *bis*. PROPAGO IMPERII. Henri IV et Marie de Médicis debout, se donnant la main. Entre eux, le dauphin essayant un casque ; dans les airs, un aigle apportant une couronne. R̸. incus. Méd. de Dupré. Br. 188 mm. Fonte déjà ancienne, mais pas de l'époque d'Henri IV............   40 »

11 MARIA AVGVSTA GALLIÆ ET NAVARRAE REGINA. Buste de Marie de Médicis, à dr., avec grande collerette. Signé : G. DVPRÉ, 1624. Méd. d'argent d'après une épreuve ancienne. 98 mm.... TB.   75 »

12 *Henri d'Orléans*, duc de Longueville, et Geneviève de Bourbon, duchesse de Longueville. Buste du duc de Longueville, à dr. R̸. Buste de la duchesse de Longueville, à g. Méd. moderne, moulée sur une ancienne. Arg. 48 mm.... TB.   25 »

13 *Anne d'Autriche et Louis XIV*. ANNA. D. G. FR. ET NAV. REG. R. E. R. MATER. LVD. XIV. D. G. FR. ET NAV. REG. CHR. Anne d'Autriche, à dr., tenant le jeune roi sur ses genoux. R̸. OB. GRATIAM. DIV. DESIDERATI REGII ET SECVNDI PARTVS. Vue de la Sorbonne. Br. 94 mm...................   80 »

14 *Emmanuel, cardinal de Bouillon*. EMMANUEL THEOD.

CARD. BULLIONUS. Buste du Cardinal de Bouillon, à dr., avec mitre et habits sacerdotaux. Sans revers. Méd. de Dubut. Br. 105 mm. Provenant de la coll. Pichon . . . . TB.   70 »

15 *Richelieu.* ARMANDVS IOANNES CARDINALIS DE RICHELIEV. Buste de Richelieu coiffé de la barrette. Br. 195 mm. Épreuve déjà ancienne . . . . . TB.   60 »

16 Variété de la précédente. L'écusson de Richelieu dans le champ, derrière la tête. Br. 195 mm. Épreuve déjà ancienne . . . . TB.   60 »

17 *Anne d'Autriche et Louis XIV.* ANNA D. G. FR. ET NAV. REG. Buste d'Anne d'Autriche, à dr. R₡. LVDOVICVS XIIII. D. G. FR. ET NAV. REX. Buste du roi. Br. 56 mm . . . . TB.   10 »

18 **Louis XIV.** *Prise de Dunkerque.* 1646. Br. 41 mm. TB.   4 »

19 *Guérison du roi à Calais.* 1656. Br. 41 mm . . . TB.   5 »

20 *Chambre de justice.* 1661. Br. 41 mm . . . . TB.   3 50

21 *Même médaille.* 1662 . . . . TB.   3 50

22 *Droit de préséance reconnu par l'Espagne.* 1662. Br. 41 mm . . . . TB.   4 50

23 *Les Grands Jours.* 1665. Br. 41 mm . . . . TB.   3 50

24 *Rétablissement de la navigation.* 1660. Br. 41 mm. TB.   4 »

25 *La Nouvelle Ordonnance.* 1667. Br. 41 mm. . TB.   3 50

26 *Prise de Douai.* 1667. Br. 41 mm . . . . TB.   4 50

27 *Prise de Dôle.* 1668. Br. 41 mm . . . . TB.   4 50

28 *Révocation de la Chambre de justice.* 1669. Br. 41 mm . . . . TB.   3 50

29 *Les manufactures.* 1669. Br. 41 mm . . . . TB.   5 »

30 *Rétablissement de la marine.* 1670. Br. 41 mm. . TB.   4 »

31 *La Hollande subjuguée.* 1672. Br. 41 mm. . . . TB.   3 50

32 *Vains projets des Hollandais.* 1674. Br. 41 mm. . TB.   3 50

33 *Paix de Nimègue.* 1673. Br. 41 mm . . . . TB.   3 50

34 *Le Port de Toulon.* 1680. Br. 41 mm . . . . TB.   5 »

35 *Levée des matelots.* 1680. Br. 41 mm . . . . TB.   3 »

36 *Le Roi se condamnant lui-même.* 1682. Br. 41 mm. TB.   3 50

37 *Les Appartements.* 1683. Br. 41 mm . . . . TB.   4 »

38 *Quarante galères à Marseille.* 1688. Br. 41 mm. . TB.   5 »

39 *Défaite de la flotte de Smyrne.* 1693. Br. 41 mm. . TB.   3 50

40 *Prises faites par les armateurs.* 1695. Br. 41 mm.. TB.   4 50

41 *Chambre de commerce.* 1700. Br. 41 mm...... TB.   5 »

42 Buste de Louis XIV lauré, à dr. R⃰. Monument
élevé à la gloire du roi à Paris, en 1686. 65 mm.
Br...................................... TB.   8 »

43 LUD. MAGNUS FR. ET NAV. REX. Buste du roi, à dr.
R⃰. Ruche. Médaille pour les bâtiments du roi.
1676. Br. 50 mm...................... TB.   8 »

44 *Jean Varin.* IEAN VARIN CON^er D'ESTAT INTEND.
G^l. D. BA^ts E. D. MO^es D. F. Son buste, à dr.
R⃰. VNE SEVLE SVFFISAIT POVR LE RENDRE IMMORTEL.
1684. La Sculpture, la Gravure et la Peinture.
Arg. 52 mm........................... TB.   40 »

44 *bis.* DIO. TALON ADV. GEN. ET CAM. IVST PROC. CATH.
Buste de Denis Talon à g. Arg. 46 mm. Méd.
d'après une épreuve ancienne............ TB.   15 »

45 **Louis XV.** Buste de Louis XV, à dr. R⃰. L'église
Sainte-Geneviève, 1764. Arg. 41 mm. Trouée.
TB.   15 »

46 Bustes en regard de Louis XV et Marie Leczinska.
Méd. relative à leur mariage à Fontainebleau.
1725. Arg. 41 mm...................... TB.   16 »

47 *Naissance du duc de Bourges.* Buste de Louis XV.
R⃰. 1754. SECURITAS IMPERII. La France tenant
le jeune duc. Arg. 41 mm.............. TB.   18 »

48 *Mariage de Louis, dauphin,* et Marie-Josèphe.
Buste de Louis XV. R⃰. Bustes affrontés des
deux époux. Arg. 41 mm.............. TB.   18 »

49 *Mariage du comte d'Artois.* 1773. Méd. de Duvi-
vier. Arg. 41 mm.................... TB.   18 »

50 *Mariage du Dauphin.* 1770. Arg. 37 mm....... B.   5 »

51 *Secondes noces du Dauphin.* 1747. Arg. 41 mm. TB.   16 »

52 *Secondes noces du Dauphin.* 1747. Arg. 34 mm.. B.   5 »

53 *Mariage de Louis XVI.* 1770. Arg. 36 mm.... B.   6 »

54 *Pont de Blois.* 1724. Bronze. 41 mm........ TB.   4 »

55 Jean de Beauvoir, seigneur de Nointeau, maire de
Bourges. 1763. Br. 41 mm............ TB.   10 »

56 PHILIPPE GAY, ÉCUYER, SEIGNEUR D'AZENAY, MAIRE DE
BOURGES. Armes de Bourges. R⃰. PAUL GALLUCCIO

L'HOSPITAL MARQUIS DE CHATEAUNEUF-SUR-CHER.
1747. Ses armes. Br. 41 mm............ B. 10 »

57 Fédération à Versailles. 1756. Arg. 41 mm...TB. 15 »

58 **Louis XVI.** Buste couronné de Louis XVI, à dr.
R⪽. Le sacre du roi. Arg. 38 mm........ TB. 12 »

59 Bustes, en regard, de Louis XVI et Marie-Antoi-
nette. La France, assise tenant un enfant. 1781.
Méd. pour la naissance du dauphin. Arg. 34 mm.
AB. 4 »

60 Même type. Arg. 41 mm................. TB. 18 »

61 *Jonction des Deux-Mers.* Méd. frappée à l'occasion
de l'ouverture du canal reliant la Loire, la Seine
et le Rhin. Arg. 50 mm............... AB. 15 »

62 *Canal de la Saône à l'Yonne en 1785.* Buste de
Louis XVI, à dr. R⪽. NOUVELLE JONCTION DES
DEUX-MERS. La Saône et l'Yonne se donnant la
main entre deux fleuves (la Seine et le Rhône).
Arg. 55 mm... .... TB 40 »

63 *Louis XVI et Marie-Antoinette.* Bustes affrontés du
roi et de la reine. R⪽. ASSERENDI NOVA SPES COM-
MERCII. REGI DE ORTIS S. S. DELPHINI SEX MERCATOR.
PARIS. ORDINES GRATVLANTVR AVSP. DVCIS DE COSSE
VRBIS GVB. DIE IV NOV MDCCLXXXI. Dauphin
tenant un gouvernail orné de lis ; dans le fond
six vaisseaux. Méd. relative à la naissance du
dauphin, pour les six corps des marchands. Arg.
61 mm......................... TB. 50 »

64 *Louis XVI et Marie-Antoinette.* LVDOVICVS XVI FRANC.
ET NAV. REX. Buste du roi avec les cheveux tombant sur les épaules. R⪽. MAR. ANTON. AVSTR.
FRANCLÆ ET NAVARR. REGINA. Buste de la reine,
à g. avec grande chevelure, collier de perles et
manteau fleurdelisé. Arg. 72 mm........ TB. 100 »

65 *Abandon des privilèges.* Buste de Louis XVI, à dr.
R⪽. ABANDON DE TOUS LES PRIVILÈGES. ASSEMBLÉE
NATIONALE IV AOUT MDCCLXXXIX. Les membres de
l'Assemblée nationale prêtant serment sur l'autel de la Patrie. Arg. 64 mm............ TB. 60 »

66 *Dernière entrevue de Louis XVI avec sa famille.*
Bustes accolés de Louis XVI et de Marie-Antoinette, à dr. R⪽. Louis XVI debout entre ses

enfants et Marie-Antoinette ; à dr., Mme Élisabeth.
Br. 48 mm........................TB.   22   »

67 *Exécution du roi*. Bustes accolés de Louis XVI et
de Marie-Antoinette. R⦆. L'échafaud entouré du
peuple auquel le bourreau montre la tête de
Louis XVI. Br. 48 mm.................TB.   22   »

68 *Mort de Louis XVI*. Son buste, à dr. R⦆. PLEUREZ
ET VENGEZ-LE. Femme pleurant auprès d'une
urne. Arg. 30 mm..................... TB.   6   »

69 Méd. frappée à la mémoire de Louis XVI. Son
buste, à dr. R⦆. FVRORE CIVIVM INFANDO SVPPLICIO
ADFECTI. La France assise, à g., auprès d'une
urne. Arg. 47 mm.................... TB.   25   »

70 *Exécution de Marie-Antoinette*. Buste de Marie-
Antoinette, à g. R⦆. ALTERA VENIT VICTIMA.
16 OCTOBRE 1893. Marie-Antoinette conduite à
l'échafaud, au milieu de la populace. Br. 48 mm.
TB.   22   »

71 Buste de princesse, à dr., par Roettiers. Méd. Arg.
d'après une épreuve ancienne. 72 mm.... TB.   35   »

72 *Robespierre*. NOUS VOULONS QUE LA FRANCE DEVIENNE
LE MODÈLE DES NATIONS, L'EFFROI DES OPPRESSEURS,
LA CONSOLATION DES OPPRIMÉS. Buste de Robes-
pierre, à dr. Sous le buste :

LE SEUL EFFROI DU JUSTE A SON HEURE DERNIÈRE,
ET LE SEUL DONT ALORS JE SERAI DÉCHIRÉ,
C'EST DE VOIR EN MOURANT LA PALE ET SOMBRE ENVIE
DISTILLER SUR MON NOM L'OPPROBRE ET L'INFAMIE
DE MOURIR POUR LE PEUPLE ET D'EN ÊTRE ABHORRÉ !

Plaquette ovale, de 204 mm sur 240 mm. Très
rare.   TB.   100   »

73 EXEMPLE AUX PEUPLES. X AOUST MDCCXCII. La Révo-
lution tenant un foudre, foulant aux pieds les
insignes de la royauté. Br. 55 mm........ TB.   5   »

74 Buste de Bonaparte, à dr. R⦆. BATAILLE DE MONTE-
NOTTE. MDCCXCVI. Victoire volant au-dessus de la
terre. Arg. 41 mm..................... TB.   22   »

75 *Campagne d'Italie*. Buste de Bonaparte, à dr. R⦆.
VOILA SOLDATS VALEUREUX, etc. Minerve assise
à g. Étain. 30 mm................... TB.   5   »

76 *Passage du Tagliamento*. Prise de Trieste. Fleuve
couché, à g. Tranche inscrite. Br. 41 mm.. TB.   5   »

77 *Conquête de la haute Égypte.* L'An VII. Buste d'Isis. R⁄. Crocodile enchaîné à un palmier. Arg. 34 mm. .... TB. 12 »

78 *Passage du Mont Saint-Bernard.* Bataille de Marengo. La Victoire debout sur un canon, que traînent deux chevaux. R⁄. Trousseau de clefs. An VIII. Arg. 41 mm. .... TB. 20 »

79 *Translation des cendres de Turenne aux Invalides.* Buste de Turenne, à g. A l'exergue : SA GLOIRE APPARTIENT AU PEUPLE FRANÇAIS. 1808. Br. 50 mm. .... TB. 6 »

80 *Paix de Lunéville.* Buste de Bonaparte, à g. R⁄. ZUM ANDENKEN DES FRIEDENS. Génie ailé mettant le feu à un amas d'armes. 1801. Arg. 41 mm. TB. 25 »

81 *Paix de Lunéville.* Buste de Bonaparte, à dr. MARENGO HOHENLINDEN ABOUKIRA. La Paix tenant une branche d'olivier et un étendard, planant sur un paysage. Arg. 38 mm. .... TB. 20 »

82 *Paix de Lunéville.* Petit génie ailé tenant une banderole sur laquelle est inscrit 1801 et 1802. R⁄. IUBEL IAHR UND FRIEDEN. Renommée tenant une trompette. Arg. 32 mm. .... TB. 15 »

83 *Paix générale.* NAP. AL. BONAPARTE P. P. CONSVL PRIMVS. Buste, à dr. R⁄. HOHENLINDEN MARENGO. Victoire volant, à dr., tenant une palme. Arg. 38 mm. .... TB. 22 »

84 *Paix d'Amiens.* Buste de Cornwallis, à dr. R⁄. L'Angleterre assise, à dr. ; près d'elle un Génie lui présente une table sur laquelle on lit les noms des signataires du traité. Arg. 38 mm. TB. 30 »

85 *Rétablissement de l'ancienne république italienne.* Buste du premier consul à dr., en uniforme. R⁄. SVMMA POPVLI IN TRIBVS COLLEGIIS POTESTAS. MDCCCII. Le Soleil éclairant un paysage. Arg. 45 mm. .... TB. 30 »

86 *Rétablissement du culte.* Buste nu, à dr. R⁄. La Prudence, debout devant l'église Notre-Dame, relève la Religion assise sur les ruines d'une église. Arg. 50 mm. .... TB. 35 »

87 *Réunion du Piémont à la France.* Buste de Bonaparte,

à g. R⁄. SVBALPINIS IMPERIO GALLORVM SOCIATIS.
Dans une couronne : VOTA PVBLICA. Arg. 50 mm.
TB. 30 »

88 *Distribution de croix au camp de Boulogne.* HONNEUR
LÉGIONNAIRE AUX BRAVES DE L'ARMÉE. Napoléon Ier,
assis sur une estrade, distribuant des décorations
à quatre militaires. Arg. 41 mm........ TB. 25 »

89 *Musée Napoléon.* Buste de l'empereur, à dr. R⁄.
Vue d'une des salles du musée du Louvre. Arg.
34 mm.......... .... TB. 10 »

90 *Fêtes du couronnement.* Bustes accolés de Napoléon
et de Joséphine. R⁄. Aigle sur un foudre. Arg.
34 mm................................ TB. 12 »

91 *Colonne de la Grande-Armée.* Buste, à dr. R⁄. Vue
de la colonne et de la place Vendôme. 1805.
Arg. 41 mm....................... TB. 20 »

92 *Prise de Vienne.* Buste casqué, à g. R⁄. Femme voi-
lée assise, à g. Br. 41 mm............. TB. 5 »

93 *Bataille d'Austerlitz.* Buste de Napoléon. R⁄.
Bustes d'Alexandre Ier de Russie et François II,
empereur d'Autriche. Arg. 41 mm........ TB. 25 »

94 *Couronnement de Napoléon à Paris.* NAPOLÉON VENIT
VIDIT VINCIT. Buste à dr. R⁄. HONNEUR ET
PATRIE. Autel. Arg. 32 mm.............. TB. 8 »

95 *Couronnement de l'empereur à Milan.* Buste de Napoléon, la tête ceinte de la couronne de fer. R⁄.
Cinq écussons. Arg. 41 mm............. TB. 22 »

96 *Couronnement à Milan.* Buste lauré, à g. R⁄. ULTRO.
L'Italie couronnant Napoléon. Arg. 41 mm.
TB. 22 »

97 *Code civil.* Napoléon debout. R⁄. La Minerve de
Velletri. Br. 41 mm.................... TB. 6 »

98 *Pose de la première pierre du tombeau de Desaix.* Br.
26 mm. Deux variétés. La pièce............. 2 »

99 *Bataille d'Iéna.* Jupiter de face assis sur un aigle.
1806. Arg. 41 mm..................... TB. 22 »

100 *L'Istrie conquise.* Buste à dr. R⁄. TEMPLE D'AU-
GUSTE A POLA. Temple 1806. Arg. 41 mm. TB. 25 »

101 *La Dalmatie conquise.* Buste, à dr. R⁄. Vue du
temple de Jupiter à Spalatro. Br. 41 mm.. TB. 6 »

102 *Paix et commerce.* Buste, à g. R⁄. 1807. Mercure assis sur un ballot de marchandises. Arg. 30 mm........................ TB.   8 »

103 *Paix de Tilsitt.* Bustes d'Alexandre Iᵉʳ et de Napoléon. R⁄. NITEANT CELSI LVCIDA SIGNA POLI. Deux étoiles. Arg. 41 mm............. TB.   25 »

104 *Séjour de Napoléon à Dresde.* Buste de Napoléon, R⁄. Buste du roi de Saxe, Arg. 41 mm. . TB.   22 »

105 *Mariage du roi de Westphalie.* Buste de Napoléon, à dr. R⁄. CATHARINE P. DE WVRT. IÉROME NAP. ROI WESTPH. Catherine de Wurtemberg et Jérôme-Napoléon, costumés à l'antique, se donnant la main. Arg. 45 mm............. TB.   35 »

106 *Victoires de 1807.* Buste de Napoléon, à dr. R⁄. Victoire couronnant l'aigle impérial posé sur un foudre. Arg. 41 mm.............. TB.   25 »

107 *Prise de Caprée.* GIOACCHINO NAPOLEONE RE DELLE DVE SICILIE. Buste de Murat, à g. R⁄. AUUENIMENTO AL REGNO PRESA DI CAPRI. 1808. Vue de Caprée. Arg. 58 mm............. TB.   60 »

108 *Bataille de Wagram.* Buste de Napoléon, à dr. la couronne de fer sur la tête. R⁄. HOSTIBVS VBIQVE FVSIS CAESIS CAPTIS MDCCCIX. Victoire ailée marchant à dr. Arg. 41 mm....... TB.   22 »

109 *Traité de Presbourg* rompu par l'Autriche. Temple de Janus. R⁄. Napoléon deb., en héros romain, entre deux trophées. Br. 41 mm........ TB.   6 »

110 *Entrée à Vienne.* La Porte Saint-Martin. R⁄. La Porte de Carinthie. Arg. 41 mm........ TB.   20 »

111 *Mariage de l'empereur.* Bustes accolés de François Iᵉʳ et de son épouse en regard des bustes de Napoléon et de Marie-Louise. R⁄. CONCORDIA. Femme assise tenant deux cornes d'abondance. Arg. 34 mm...................... TB.   10 »

112 *Mariage de l'empereur.* Bustes en regard de Napoléon et de Marie-Louise. R⁄. FELICIBVS NVPTIIS. La Ville de Vienne gravant sur un bouclier que tient l'Amour les mots : VOTA PVBLICA. Arg. 50 mm...................... TB.   30 »

113 ENTRÉE DE L'IMPÉRATRICE EN FRANCE. Vue de la

cathédrale de Strasbourg. R⁄. NAPOLÉON MARIE-
LOUISE. Arg. 32 mm................. TB.   8   »

114 *Bataille de la Moskowa*. Hussard français péné-
trant à cheval dans une redoute et poursuivant
un soldat russe. Arg. 41 mm.......... TB.   22   »

115 *Entrée à Moscou*. Buste de l'empereur, à dr. R⁄.
ENTRÉE A MOSCOU. XIV SEPTEMBRE MDCCCXII. Vue
du Kremlin. Arg. 41 mm.............. TB.   22   »

116 *Retraite de l'armée*. Même buste. R⁄. RETRAITE DE
L'ARMÉE NOVEMBRE MDCCCXII. Guerrier fuyant
sous les attaques de Borée. Arg. 41 mm.. TB.   22   »

117 *Visite à la Monnaie*. Buste de l'empereur d'Au-
triche, à g. R⁄. SA MAJESTÉ L'EMPEREUR D'AU-
TRICHE VISITE LA MONNAIE DES MÉDAILLES
MDCCCXIV. Br. 41 mm................. TB.   5   »

118 Buste du roi de Prusse, à g. R⁄. FRÉDÉRIC GUIL-
LAUME III ROI DE PRUSSE VISITE LA MONNAIE DES
MÉDAILLES. MDCCCXIV. Arg. 41 mm....... TB.   18   »

119 La même médaille en bronze............ TB.   5   »

120 **ΟΡΤΗΣΙΑ ΒΑΣΙΛΙΣΣΑ**. Son buste, à dr. R⁄.
LA REINE HORTENSE VISITE LA MONNAIE DES
MÉDAILLES. Arg. 23 mm............... TB.   5   »

121 *Caroline, reine de Naples*, **ΒΑΣΙΛΙΣΣΑ ΚΑΡΟ-
ΛΙΝΗ**. Son buste, à dr. R⁄. **ΝΕΟΠΟΛΙΤΩΝ**.
Taureau à face humaine, couronné par la Vic-
toire. Arg. 23 mm................... TB.   5   »

122 **ΕΛΙΣΑ ΣΕΒΑΣΤΟΥ ΑΔΕΛΦΗ**. Son buste, à
dr. R⁄. S. A. I. LA PRINCESSE ELISA, GRANDE
DUCHESSE DE TOSCANE VISITE LA MONNAIE DES
MÉDAILLES. Arg. 23 mm............... TB.   5   »

123 *Fontaine de Vaucluse*. MVSIS ARTIBVS ARVIS, 1811.
La Fontaine de Vaucluse couchée, à g. Br.
41 mm................................ TB.   6   »

124 Bustes accolés de Napoléon Iᵉʳ et de Marie-Louise,
à g., par Andrieu. Médaillon à listel. Br.
137 mm.............................. TB.   30   »

125 **Louis XVIII**. LOUIS XVIII, ROI DE FRANCE. Buste,
en grand uniforme. R⁄. Incus. Br. 145 mm.
                                        TB.   12   »

126 *Débarquement du roi à Calais*. Buste de

Louis XVIII, à dr. R⁄. IL PORTE LA PAIX DU
MONDE. MDCCCXIV. La France tendant les bras
vers un navire Arg. 40 mm.............. TB. 20 »

127 *Statue d'Henri IV*. Buste de Louis XVIII, à dr.
R⁄. HENRICO MAGNO CIVIVM PIETAS RESTITVIT
MDCCCXVII. Statue équestre d'Henri IV. Arg.
50 mm...................... .... TB. 18 »

128 La même médaille en br. 50 mm.......... TB. 3 »

129 *Pont sur la Gironde*. Buste de Louis XVIII. R⁄.
GARVMNA PRIMVM AD BVRDIGALAM SVBACTA. PONTE
ARCVM XVII IMPOSITO MCCCXXI. La Garonne, à g.
Au second plan, un pont surmonté de la statue
de Jupiter. Arg. 50 mm................ TB. 30 »

130 *Naissance du duc de Bordeaux*. Buste de
Louis XVIII. R⁄. Génie debout tenant le jeune
duc. Auprès de lui la France debout. Br.
50 mm...................... .... TB. 8 »

131 Buste de la duchesse de Berry. R⁄. LA MAÏ DAOU
NOUBET HENRIC DIOUDOUNAT, etc. Br. doré.
50 mm...................... .... TB. 6 »

132 Buste du jeune duc. R⁄. Buste d'Henri IV. Br.
30 mm...................... .... TB. 2 »

133 A LA RELIGION, A LA PATRIE. Buste de la duchesse
de Berry. R⁄. La France, le pied sur un
dragon, présente le jeune duc. Arg. 20 mm.
TB. 6 »

134 La même médaille en br................. TB. 2 »

135 VIVEZ POUR LE SERVIR, MOUREZ POUR LE DÉFENDRE.
Génie volant vers un trône. Arg. 14 mm. TB. 4 »

136 *Baptême du duc de Bordeaux*. TU CAROLUS MATRI etc.
La France tenant le jeune duc sur les fonts
baptismaux. Br. 50 mm................ TB. 8 »

137 *Monument à la mémoire du duc de Bourges*. Buste du
duc de Bourges, à g. R⁄. La France et la Religion près du tombeau du duc. Arg. 50 mm. TB. 18 »

138 **Charles X**. *Sacre de Charles X*. Buste du roi, à dr.
avec la couronne et le manteau royal. R⁄. Le
sacre du roi. Arg. 50 mm.............. TB. 20 »

139 Buste nu de Charles X, à g. R⁄. Le roi à genoux,
sacré par un évêque. Reims, le 29 mai 1825.
Arg. 50 mm...................... ...... TB. 18 »

140 Buste nu du roi, à g. R⨏. Charles X à genoux couronné par un évêque. Arg. 41 mm ... TB.   12 »

141 Buste nu, à g. R⨏. Le roi assis, à g., avec la couronne royale et le manteau d'hermine. Arg. 34 mm .... TB.   8 »

142 Buste de Charles X. R⨏. ATREBATE FIDELIS REGE SUO PRAESENTE FELIX XVI ET XVII SEPT. MDCCCXXVII. Arg. 36 mm..................... TB.   4 »

143 HENRI DIEUDONNÉ. Buste barbu d'Henri V. R⨏. NÉ A PARIS LE 29 7ᴮᴿᴱ 1820. Arg. 32 mm.... TB.   5 »

144 HENRI DE FRANCE. Buste barbu d'Henri V. R⨏. FIDES SPES. Croix. Br. 23 mm.......... TB.   1 »

145 **Louis-Philippe.** *Médaille des chemins de fer.* LOUIS-PHILIPPE I ROI DES FRANÇAIS. Tête laurée, à g. R⨏. DANT IGNOTAS MARTI NOVASQUE MERCURIO ALAS. La France à demi nue sur un piédestal d'où s'élancent Mars et Mercure. Dans le lointain, quatre trains allant vers les quatre points cardinaux. A l'exergue : Mᴿ TESTE MINISTRE DES TRAVAUX PUBLICS. Mᴿ LEGRAND SOUS SECRÉTAIRE D'ÉTAT. Méd. de Bovy. Br. 112 mm...... TB.   35 »

146 ROYER-COLLARD. Son buste, à dr. Dessous : DAVID 1830. Beau médaillon de David d'Angers. Br. 150 mm. Épreuve ancienne............ TB.   15 »

147 AMABLE TASTU. Sa tête, à dr. Médaillon de David d'Angers. R⨏. Signature de fondeur RICHARD FRÈRES. Br. 112 mm. Épreuve ancienne.
TB.   20 »

148 FILIPPO BUONAROTI. Sa tête, à dr. Médaillon de David d'Angers. Br. 160 mm. Épreuve ancienne............................. TB.   15 »

149 RICHARD FONDEUR, AMI DU CITOYEN DAVID, STATUAIRE. Sa tête, à dr. DAVID 1834. Médaillon de David d'Angers. Br. 168 mm...... TB.   15 »

150 Buste du marquis de Parny, à dr. Médaillon en br. sans signature de graveur. 175 mm. TB.   12 »

151 FRANÇOIS ARAGO CCXLIII. Tête d'Arago, à dr. Beau médaillon de Bovy. Br. 215 mm........ TB.   40 »

152 H. MAINDRON 1846. Son buste, à g. Médaillon en plomb. 200 mm..................... TB.   10 »

153 Buste barbu de Ferdinand-Philippe d'Orléans. R⨏.

DONNÉ PAR S. A. R. MGR LE COMTE DE PARIS.
26 JUILLET 1845. Arg. 27 mm............. TB.   3   »

154 Méd. au buste de Marie-Thérèse Béatrix, comtesse de Chambord. Br. 37 mm......... TB.   3   »

155 **De Napoléon III à nos jours.** *Exposition de 1855.* Buste de Napoléon III. R⨎. Armes des pays étrangers. Arg. 60 mm. Coin de Barre.. TB.   25   »

156 *Comptoir d'escompte de Paris* fondé le 18 mars 1848. R⨎. Vue de l'intérieur du Comptoir d'escompte. Méd. de Millet. Arg. 45 mm........... TB.   10   »

157 *Médaille de mariage* par Depaulis. Arg. 41 mm. TB.   6   »

158 *Concours de tir.* R⨎. OFFERT PAR LE L^T COLONEL GUÉRIN DÉPUTÉ. Jolie méd. d'A. Dubois. Arg. 51 mm............ .... TB.   15   »

159 UNION DES SOCIÉTÉS D'INSTRUCTION MILITAIRES DE FRANCE. R⨎. Monument de Rude. Jolie méd. d'H. Dubois. Arg. 41 mm............ TB.   12   »

160 Même méd. LA SCOLAIRE 1891. Arg. 36 mm. TB.   8   »

161 *Prix de tir.* POUR LA PATRIE! Arg. 41 mm... TB.   8   »

162 Tête de République, à dr., par Daniel Dupuy. Méd. donnée à M. L'Épine, membre du Jury d'État départemental. 1893. Arg. 51 mm. TB.   15   »

163 *Académie parisienne des inventeurs industriels et exposants.* R⨎. Écu de Paris. Vermeil. 51 mm. TB.   10   »

164 Tête de République d'Oudiné. R⨎. EXPOSITION UNIVERSELLE. PARIS 1878. Vue du Trocadéro. Arg. 51 mm...................... TB.   12   »

165 *Exposition du travail.* 1885. Forgeron assis sur une enclume. Jolie méd. par Vernon. Arg. 56 mm. TB.   20   »

166 *Société nationale d'horticulture de France. 1895.* Méd. de Borrel. Arg. 36 mm. .... TB.   4 50

167 *Fédération des sapeurs-pompiers. 1889.* Tête de République par Roty. Arg. 36 mm....... TB.   6   »

168 Méd. cycliste par Pillet. Arg. 36 mm...... TB.   6   »

169 *Conseil municipal de Bordeaux.* Armes de la Ville. Méd. de Borrel. 41 mm............... TB.   8   »

170 Buste de M. de Béthune, duc de Sully. R⨎.

COMICE DE MONTLUÇON. CONCOURS AGRICOLE DE VALLON EN SULLY. Arg. 51 mm. Coin de E. Gatteaux...................... TB.   12 »

171 L'Agriculture debout, à dr. R⁄. COMITÉ CENTRAL DE SOLOGNE. 25 juin 1859. Arg. 51 mm. Méd. d'Oudiné...................... TB.   14 »

172 Département de l'Indre. Concours de béliers. Méd. de Vernon. Arg. 38 mm......... TB.   8 »

173 *Société d'horticulture de Melun et de Fontainebleau.* Coin de Borrel. Arg. 46 mm.......... TB.   10 »

174 *Prix d'agriculture de la Hᵗᵉ-Guienne.* Arg. 38 mm. TB.   10 »

175 *Société agricole de Boulogne s/mer.* Les Moissonneurs. Jolie méd. de Rivet. Arg. 41 mm.. TB.   12 »

176 Même méd. Concours d'agriculture de Tarn-et-Garonne. Arg. 46 mm................ TB.   12 »

177 Même méd. R⁄. SOCIÉTÉ HORTICOLE DU LOIRET. Arg. 46 mm...................... TB.   12 »

178 T. de République de Roty. R⁄. Association agricole de Saint-Amand. 36 mm.......... TB.   6 »

179 Tête de République de Bottée. R⁄. CONCˢ FESTIVAL DE FRESNES-LES-RUGIS 1895. Arg. 41 mm. Avec bélière............................. TB.   8»

180 Buste de Mathieu de Dombasle. R⁄. AU FONDATEUR DE ROVILLE LES AGRICULTEURS RECONNAISSANTS. Arg. 54 mm....................... TB.   16 »

181 Buste de Linné, à dr. R⁄. SOCIÉTÉ ROYALE D'AGRICULTURE ET D'HORTICULTURE LINÉENNE. Arg. 51 mm........................... TB.   12 »

182 ÉCOLE DES BEAUX-ARTS DE LYON. Buste de Minerve. Méd. de Barre. Arg. 41 mm.......... TB.   8 »

183 *Commercy. Prix de tir* offert au 162ᵉ régiment. 1893. Arg. 70 mm. Bélière............ TB.   30 »

184 Tête de République de Rivet. R⁄. Béthune 24-25 juin 1894. Arg. 46 mm. Bélière........ TB.   10 »

185 *École des sciences et arts industriels de Lyon.* Buste de Claude Bernard. Arg. 56 mm...... .. TB.   18 »

186 *Championnat de Tours.* Prix de gymnastique. Femme debout auprès d'une colonne. Méd. de Dubois, d'après Chapu. Arg. 58 mm .... TB.   18 »

187 *École des arts décoratifs de Limoges.* Aux arts du dessin. Méd. de Bottée. Arg. 41 mm....... TB.   8   »

188 HIPPOCRATE. Son buste, à dr. R⁄. ÉCOLE DE MÉDECINE DE REIMS. Prix de pharmacie. 1887. Arg. 51 mm.............................. TB.   18   »

189 PATRIA. Buste de la Patrie, à dr. R⁄. Bicyclistes sur un piste. OFFERT PAR M. ALASSEUR, DÉPUTÉ. Jolie méd. de Rivet. Vermeil. 41 mm... TB.   8   »

190 *Pantin.* Concours musical 1882. Insigne de membre du jury. Avec bélière. Vermeil. 41 mm........................... TB.   8   »

191 *Pantin.* Concours musical. 1886. Insigne de membre du Jury. Vermeil. 41 mm. Bélière....   8   »

192 *Rambouillet.* Concours musical. Insigne de membre du jury. Vermeil. Bélière....... ...... TB.   8   »

193 *Nonancourt.* Souvenir du concours de 1883. Vermeil. Avec bélière. 37 mm.............   6   »

194 *Clermont (Oise).* Concours de musique. 1891. Vermeil. Avec bélière et émail......... TB.   10   »

195 *Gentilly.* Concours musical. Insigne de membre du jury. Vermeil. 43 mm............. TB.   8   »

196 *Vanves.* Concours musical. Insigne de membre du jury. Vermeil. Avec bélière. 31 mm.. TB.   4   »

197 *Concours musical de Neuilly-Plaisance.* Insigne de membre du jury. Vermeil............ TB.   10   »

198 *Pontoise.* Concours musical. Insigne de membre du jury. Vermeil. 37 mm. Avec bélière... TB.   6   »

199 *Montrouge.* Concours musical. Insigne de membre du jury. Vermeil. Bélière. 37 mm. TB.   6   »

200 *Rueil.* Concours musical. 1883. Insigne de membre du jury. Arg. 33 mm. Bélière... TB.   4   »

201 *Nanterre.* Concours musical. 1882. Insigne de membre du jury. Arg. 33 mm. Bélière... TB.   5   »

202 *Marly-le-Roi.* Concours musical. Insigne de membre du jury. Arg. 37 mm.......... TB.   5   »

Médailles artistiques modernes.

203 *Thiers.* Méd. au buste de Thiers, président de la République. Son buste, à g. R⁄. PATRIAM DILEXIT

VERITATEM COLVIT dans une couronne de chêne.
Méd. d'Oudiné. Br. 68 mm............ TB.   8 50

204 *Mac-Mahon.* MAC-MAHON PRÉSIDENT DE LA RÉPU-
BLIQUE. Son buste, à g. R⁊ : SIC NOS. SIC SACRA
TUEMUR. Canons, épées, couronnes. Br.
68 mm. Méd. de Chaplain.......... . TB.   8 50

205 *Grévy.* Buste de Grévy, président de la Répu-
blique. R⁊. JULES GRÉVY PRÉSIDENT DE LA
RÉPVBLIQUE FRANÇAISE ÉLV LE 30 JANVIER 1879.
Br. 68 mm. Coin de Daniel Dupuis..... TB.   8 50

206 *Carnot*, président de la République. Son buste,
à g. R⁊. CARNOT ÉLU PRÉSIDENT, etc., sur un
cartouche dans une couronne de chêne. Br.
68 mm. Méd. d'Alphée Dubois........ TB.   8 50

207 *Félix Faure*, président de la République. Son
buste à g. R⁊. ÉLV PAR L'ASSEMBLÉE NATIONALE
LE 17 JANVIER 1895. La France déposant
un bulletin de vote dans une urne. Méd.
de Chaplain. Br. 68 mm.............. TB.   8 50

208 *La Patrie encourage la jeunesse aux exercices virils.*
Méd. de Rivet. Br. 68 mm............ TB.   7 50

209 Même type. Méd. offerte par les Sociétés du
Bataillon Chanzy aux officiers de l'Escadre
russe. Paris, Octobre 1893. Arg. 48 mm. TB.   35 »

210 *La course à pied.* Athlètes nus courant dans un
cirque. Belle méd. par Rivet. Br. 68 mm..TB.   7 50

211 Même type. Br. 48 mm................ TB.   4 50

212 *Madame Chrysanthème.* Japonaise cueillant des
chrysanthèmes, par Rivet. Br. 68 mm.... TB.   7 50

213 *Encouragement à l'agriculture.* Femme demi-nue
assise de face, et distribuant des palmes. Br.
58 mm............................ TB.   7 50

214 *Jeanne d'Arc*, par Rivet. Buste avec casque et
panache, à dr. Br. 50 mm............ TB.   4 50

215 Même tête. R⁊. IL AVAIT ÉTÉ A LA PEINE, C'ÉTAIT
BIEN RAISON QU'IL FUT A L'HONNEUR. Bannière.
Arg. 26 mm....................... TB.   5 »

216 *Saint Georges* à cheval terrassant le Dragon. R⁊.
Galère. Méd. par Rivet. Br. 50 mm.. ... TB.   4 50

217 Même médaille. Br. argenté. 50 mm....... TB.   6 »

218 Même type sans revers. Arg. 45 mm...... TB.   8 »

219 Même type sans revers. Arg. 36 mm...... TB.   6 »

220 *Union patriotique du Rhône.* FRANÇAIS, RIEN QUE FRANÇAIS. Monument de Pagny. Méd. de Rivet. Br. 56 mm................... TB.   8 »

221 Tête de République de Bottée. Dessous, Génie nu jouant de la trompette. R⁄. VILLE DE BOULOGNE-SUR-MER. Écu de Boulogne. Br. 50 mm.. TB.   5 »

222 Même avers. Méd. de l'exposition nationale de Dôle. Br. 50 mm................ TB.   5 »

223 Même avers. R⁄. Cartouche aux armes de Lyon. Br. 50 mm................... TB.   5 »

224 Même avers. R⁄. Exposition de Lyon. 1894. Br. 40 mm................... TB.   4 »

225 Tête de République de Bottée. R⁄. Exposition de Lyon. Br. 27 mm................ TB.   2 »

226 Médaille cycliste par Ch. Pillet. Br. 50 mm. TB.   6 »

227 Victoire ailée, sur une bicyclette, tenant une palme; au fond, un paysage. Méd. de Vernon. Arg. 50 mm................... TB.   15 »

228 *L'Apiculture.* Paysan changeant de ruche un essaim d'abeilles. Méd. de Rivet. Br. 50 mm. TB.   4 50

229 Même médaille Br. 40 mm...... ...... TB.   3 »

230 *Les pompiers.* Pompiers partant au feu. Méd. d'Erdmann. 50 mm............... TB.   4 50

231 Même médaille en bronze argenté........ TB.   6 »

232 AU MÉRITE. Femme dans les airs, tenant une couronne et une palme. R⁄. EXPOSITION DE CHARLE-VILLE, 1894. Écu de la ville. Br. 50 mm. Méd. d'H. Dubois................... TB.   5 »

233 Même méd. R⁄. EXPOSITION RÉGIONALE. BEAUVAIS 1895. Armes de Beauvais............ TB.   5 »

234 *Les pigeons.* Colombier et pigeons. Méd. d'Erdmann. Br. 68 mm............... TB.   7 50

235 Même médaille. Br. 56 mm............ TB.   6 »

236 Même médaille. Br. argenté. 50 mm...... TB.   6 »

237 PATRIA. Buste, à dr., de la Patrie coiffée d'un casque ailé. Méd. de Rivet. Br. 68 mm... TB.   7 50

238 Même médaille. Br. 50 mm............. TB.   4   50

239 Même méd. R⁄. EXPOSITION NATIONALE DE CHATEL-
LERAULT. 1897. Br. 40 mm........... TB.   4   »

240 Buste de la Patrie par Rivet. R⁄ : LA SOCᵀᴱ DES
Vᵛᴱˢ ET ORPHELINS DE L'ARMÉE FRANÇAISE A LA
MUSIQUE DU RÉGIMENT PREOBRAJENSKY DES GARDES
IMPᴸᴱˢ RUSSES. 1897. Br. 35 mm.......... TB.   10   »

241 FRANCE. Buste casqué de la France, de face et
regardant à g. Le casque orné d'une tête et de
deux ailes de coq. Belle méd. de Bottée. Br.
57 mm.............................. TB.   7   50

242 Même médaille en br. argenté. 50 mm.... TB.   7   50

243 *Société nationale des sciences et arts industriels.*
L'Industrie et la Science deb. auprès d'instruments divers et d'un phare allumé. Arg. doré.
62 mm.............................. TB.   22   »

244 RÉPUBLIQUE FRANÇAISE. Tête de République coiffée
du bonnet phrygien. R⁄. CHAMBRE DES DÉPUTÉS.
1893. SUFFRAGE UNIVERSEL. Faisceau, branche
de chêne et cartouche. Br. 50 mm. Projet de
médaille de député par Max Bourgeois.. TB.   10   »

245 SOCIÉTÉ PHILANTHROPIQUE DES VOYAGEURS ET REPRÉ-
SENTANTS DE L'INDRE-ET-LOIRE. Armes de la
ville de Tours. Br. 50 mm.............. TB.   5   »

246 *Inauguration de l'hôtel de ville de Levallois-Perret.*
Vue de l'Hôtel de Ville. Br. 50 mm...... TB.   4   50

247 *Prix d'aviculture.* Animaux de basse-cour dans un
paysage. Br. 50 mm.................. TB.   4   50

248 *Congrès international des éditeurs.* Cartouche aux
armes de la corporation. Br. 50 mm.... TB.   5   »

249 *Syndicat pomologique de France.* La cueillette des
pommes, par Rivet. Br. 50 mm........ TB.   5   »

250 *Croisière du « Petit-Marseillais ».* Neptune et
Amphitrite, par Rivet. Br. 50 mm....... TB.   5

251 *Les travaux des champs.* Faucheurs et moisson-
neuses. Arg. 27 mm. Méd. de Rivet..... TB.   4   50

252 *Encouragement à l'industrie.* Jolie médaille par
Rivet. Br. 50 mm................... TB.   4   »

253 *Encouragement aux arts.* Femme assise, à g., tenant
une palme. Br. 50 mm............... TB.   4   50

254 VELLEDA. Buste de femme, à dr., une longue
tresse pendant sur ses épaules. Belle méd. par
Rivet. Br. 41 mm.................... TB.   4 50

255 La même méd. en argent. 27 mm........ TB.   4 50

256 MANON. Buste de Manon, à g. Arg. 27 mm.. TB.   4 50

257 MIGNON. Buste de Mignon, à dr., les cheveux
tombant sur les épaules. Arg. 27 mm... TB.   4 50

258 *Concours musical de Vitry-s/Seine.* La Musique
assise, à g., jouant de la harpe. Arg. 33 mm.
TB.   8 »

259 Tête de Christ, à g., par Rivet. R⁄. Lis. Belle
méd. de Rivet. Arg. 30 mm........... TB.   7 50

260 *Concours de tir.* Tête de République d'Henri Dubois.
Soldats tirant sur des cibles. Arg. 50 mm. TB.   16 »

261 *Chiens de chasse.* Chiens de différentes races auprès
d'une mare. Méd. d'Erdmann. Br. 40 mm.
TB.   4 50

262 SOCIÉTÉ CANINE DU SUD-EST. EXPOSITION DE LYON.
1897. Chiens de berger auprès d'un troupeau.
Méd. par Rivet. Br. 44 mm........... TB.   5 »

263 *Chiens de berger.* Méd. par Salières. Br. 36 mm.
TB.   4 »

264 *Société centrale* pour l'amélioration des races de
chiens en France. L'apparition à saint Hubert,
par Rivet. Br. 50 mm................. TB.   4 50

265 *Club de fox-terriers d'Anvers.* Deux chiens près
d'un terrier. Br. 50 mm............... TB.   4 50

266 *Léopold, roi des Belges.* Buste du roi des Belges, de
face, regardant à dr. Méd. par L. Coudray.
Arg. 50 mm...................... TB.   22 »

267 *Léon XIII.* Buste de Léon XIII, à dr. R⁄. VICIT
LEO DE TRIBU JUDA. Lion terrassant une hydre.
Br. 42 mm. Méd. par Mᵐᵉ Croce-Lancelot. TB.   8 »

268 *Tête d'étude. Rêverie.* Tête de jeune fille, de trois
quarts, à g. Très belle étude de L. Coudray.
Plaquette br. 125-90 mm.............. TB.   60 »

269 *Adam et Ève retrouvant le corps de leur fils Abel.*
Très belle plaquette par L. Coudray..... TB.   80 »

270 *Génie protégeant l'Humanité.* Un Génie debout, les
ailes éployées, étend ses vêtements sur deux

enfants et les protège contre les flots et l'orage.
Très belle plaquette. Arg. par L. Coudray.
95 mm.............................. TB. 120 »

271 La même plaquette en bronze............ TB. 70 »

272 Même médaille. Arg. 48 mm............. TB. 50 »

273 *Orphée.* Buste d'Orphée, de trois quarts, à g.,
tenant la lyre, la tête couronnée de laurier.
Très belle épreuve d'artiste par Coudray, de sa
médaille d'Orphée. R❧. Uni. Br. 215 mm. TB. 300 »

274 *Victor Hugo.* Buste de Victor Hugo par Borrel.
Br. 68 mm......................... TB. 15 »

275 *Centenaire de la fondation de l'école des Langues
Orientales*, par Borrel. Personnages d'Orient en
costumes nationaux. Plaquette. Arg..... TB. 40 »

276 Même plaquette en bronze............... TB. 18 »

277 *Centenaire de l'École polytechnique.* Femme à demi
nue, assise, à g. Autour d'elle, locomotive,
phare, ballon, canons, etc. Méd. de Max Bourgeois. Arg. 68 mm... .... TB. 50 »

278 La même médaille en bronze................ 15 »

279 *École des arts industriels de Roubaix.* Adolescent nu,
assis, dessinant une fleur que lui présente une
femme debout devant lui. Au second plan, vue
de l'école. R❧. Génie nu, debout de face tenant
une branche de laurier et s'appuyant sur l'écu de
la Ville. Méd. de Chaplain. — Arg. 68 mm. TB. 50 »

280 La même médaille en bronze............ TB. 15 »

281 *Visite de l'escadre russe à Toulon.* RUSSIE FRANCE.
Têtes accolées de la France et de la Russie.
Au-dessous, mains jointes. R❧. La France,
deb., levant les mains à la vue de l'escadre
russe. Méd. de Chaplain. Arg. 70 mm... TB. 55 »

282 La même méd. en bronze................ TB. 20 »

283 *Aux élèves des Beaux-Arts morts pour la Patrie.*
Combattant mort pressant sur son cœur le dra-
peau français. Une femme dépose sur lui une
couronne et une palme. R❧. Vue du monument.
Méd. de Degeorge. Br. 81 mm........ TB. 20 »

284 *La Terre.* Femme assise sur un globe et tenant
des fruits de chaque main. R❧. Allégorie cham-
pêtre. Méd. par Levillain. Br. 70 mm... TB. 20 »

285 *Alliance française* pour la propagation de la langue française. Femme assise entourée de petits nègres et leur apprenant à lire. Méd. de Dupuis. Br. 68 mm...................................... TB.   18   »

286 *L'Opéra.* Vue de l'Opéra. R⃠. Plan du monument. Méd. de Lagrange. Br. 75 mm.......... ..... TB.   20   »

287 *Milon de Crotone.* ET AMENT MEMINISSE PERITI. Milon de Crotone, la main prise dans un tronc d'arbre, dévoré par un lion. D'après le monument de Puget. Méd. de Lagrange. Br. 70 mm.... TB.   20   »

288 *Barye.* Portrait du sculpteur Barye de trois quarts. Belle méd. par Patey. Br. 68 mm............   15   »

289 *La Jeunesse française à Chevreul.* Buste de Chevreul, à dr. R⃠. LA JEUNESSE FRANÇAISE AU DOYEN DES ÉTUDIANTS. La Science apportant une couronne à Chevreul, à g. Très belle méd. par Roty. Arg. 68 mm.......... .... TB.   60   »

290 La même médaille en bronze............ TB.   25   »

291 *Enseignement secondaire des jeunes filles.* VIRGINES FVTVRAS VIRORVM MATRES RESPVBLICA DOCET. La République assise instruisant une jeune fille. Belle méd. de Roty. Arg. 68 mm. ..... TB.   50   »

292 La même méd. en bronze................ TB.   20   »

293 *Cinquantenaire de l'école d'Athènes.* POUR LA SCIENCE, POUR LA PATRIE. Femme assise sur un fût de colonne, et tenant dans ses mains une statuette antique qu'elle vient de trouver. R⃠. Vue du Parthénon ; au-dessous, vue de l'école française. Belle méd. de Roty. Arg. 59 mm........ TB.   45   »

294 La même méd. en bronze............... TB.   20   »

295 *Funérailles du président Carnot.* Carnot sur son lit de mort. Près de lui, la France éplorée. R⃠. Le corps du président porté au Panthéon par des femmes costumées à l'antique. Plaquette arg. par Roty...................................... TB.   60   »

296 La même plaquette en bronze........... TB.   25   »

297 *L'Art appliqué à l'Industrie.* Vulcain forgeant les armes de Minerve. Belle méd. de Roty. Br. 81 mm...................................... TB.   25   »

298 *Gambetta.* Buste de Gambetta, à g. Méd. de Roty. Arg. 68 mm................................. TB.   50   »

299 La même méd. en bronze................ TB.   20   »

300 *Union franco-américaine*. La France et l'Amérique
se donnant la main, dans une barque conduite
par le Génie de la Liberté. Au second plan, la
statue monumentale de Bartholdi : La Liberté
éclairant le monde. Arg. 68 mm. Belle méd.
de Roty.. TB.   55   »

301 *Valentin Haüy*. Son buste, à dr. Belle méd. par
Vernon. Br. 50 mm.................... TB.   10   »

Médailles Étrangères.

302 *Amérique*. Chemin de fer d'Arequipa à Puno.
Arg. 50 mm.......................... TB.   18   »

303 *Allemagne*. DAVID REX PROPHETA IPSA MDXXXVIII.
Buste du roi David. R⫯. Personnages dans un
temple. Arg. 38 mm.................... TB.   25   »

304 ELISABET. KRELERIM. HET. ICH. DIEGE STHALT. UND.
WAS 47. IAR. ALT. Son buste, à g. Arg. 55 mm.
Méd. d'après une épreuve ancienne...... TB.   20   »

305 COR. A. MIIEROP.D. G. PPTS ET ARHI'. TRA. ÆT. S. 48.
Buste, à g. Arg. 75 mm. Méd. d'après une
épreuve ancienne...................... TB.   30   »

306 Buste barbu, à dr., coiffé d'une toque et revêtu
de la simarre. Épreuve d'après une médaille
ancienne. Arg. 50 mm................. TB.   20   »

307 *Médaille religieuse*. Le Christ sur la croix. R⫯. La
Sainte Trinité. Arg. 46 mm............ TB.   12   »

308 DÉCOUVERTE DE L'IMPRIMERIE PAR GUTEMBERG
FAUST ET SCHŒFFER. A METZ EN 1440. Leurs
bustes accolés, à dr. Plomb. 130 mm.... TB.   10   »

309 LUDWIG KRONPRINZ UND THERESE KRONPRINZESSIN
VON BAYERN. Bustes accolés, à dr. R⫯. WAS IN
METALL DER GRIFFEL etc. Arg. 36 mm.... TB.   10   »

310 Méd. au buste de Martin Luther. Arg. 38 mm. B.   5   »

311 Bustes accolés de Frédéric II et de son épouse.
R⫯. Femme entre deux enfants, au bord de la
mer. Arg. 50 mm................ .... TB.   12   »

312 Prix de tir au buste de Guillaume II. Arg.
30 mm............................. TB.   3   »

313 *Angleterre.* IANE. D. G. ANG. FRA. Z. HIB. REGINA.
MDLIII. Buste de trois quarts, à g. R⁊. IN TERRIS
etc. Rose couronnée. Arg. 35 mm...... TB.　　30　»

314 Méd. de 1678. EN HONNEUR DU SOUVERAIN DU TRÈS
NOBLE ORDRE DE LA JARTIÈRE. Saint George terrassant le Dragon. Arg. 48 mm......... TB.　　25　»

315 Buste de Guillaume III, à dr. R⁊. 1692. Licorne
et léopard poursuivant un coq. Allusion aux victoires sur la France. Br. doré. 53 mm.... B.　　8　»

316 Guillaume III. WILHELMUS III D.G. PRINC AUR.C.
NAS. Le roi à cheval, à g. R⁊. HONI SOIT QUI MAL
Y PENSE. Écusson couronné. Arg. 37 mm. TB.　　25　»

317 Guillaume III et Marie. Buste de Guillaume III.
R⁊. Buste de Marie. Br. doré. 40 mm.... TB.　　8　»

318 Buste lauré de George II, à g. R⁊. QUÉBEC,
WOLF, etc. Licorne et léopard couronnés de
chaque côté d'un écusson chargé d'un lis ren-
versé. Méd. relative à la conquête du Canada.
Arg. 44 mm..................... .... TB.　　100　»

319 George II. Son buste, à g. R⁊. Sénégal 2 mai,
Saint-Malo 16 juin, etc. Allusion aux victoires
sur la France. Br. doré. 44 mm......... TB.　　8　»

320 *Autriche.* Méd. au buste de Marie-Thérèse. R⁊.
GLORIOSA VICTRIX ANIMORVM. SAECULI DECUS.
1741. Marie-Thérèse dans un char. Bas argent.
42 mm..................... ...... TB.　　10　»

321 Jubilé de François II d'Autriche. Buste de François II en 1848. R⁊. Buste du même en 1898.
Jolie méd. par Scharff. Arg. 25 mm...... TB.　　6　»

322 *Belgique.* Académie de Bruges. 1760. QUAS NEUTRIT
ARTES. CAROL LOT PRIN PROTECT. L'Académie
assise, tenant une couronne. Arg. 40 mm. TB.　　12　»

323 *Danmark.* FRIDERICVS IIII DANIÆ ET NORVEG. REX.
Son buste, à dr., drapé et cuirassé. R⁊. FELICIS-
SIMO ADVENTVI FLORENTIÆ. Fleuve assis, à g. A
l'exergue : 1708. IDIBUS MARTIIS. Br. doré ;
dans un cercle, 101 mm .... TB.　　80　»

324 *Hollande.* WAT OOK VAL TROUW STAAT PAL. ANTWER-
PEN. DECEMBER MDCCCXXII. Guerrier parant des
flèches avec son bouclier. Méd. relative au
siège d'Anvers. Arg. 50 mm............ TB.　　20　»

325 Méd. de 1747 au buste de Guillaume-Charles
    d'Orange et de Nassau. Arg. 32 mm..... TB.   6 »

326 Même personnage. R⎣. VOX POPULI, VOX DEI. 1747.
    Lion tenant un foudre. Br. 40 mm........ B.   3 »

327 Guillaume-Charles et Anne-Marguerite d'Angle-
    terre. Bustes accolés. R⎣. VIVAT PRINCEPS AVR.
    MDCCXLVII. Arg. doré. 29 mm. Trouée... TB.   6 »

328 MIDDELBURGS NIEUWE HAVEN. BEGONNEN 1815,
    GEOPEND 1817. Vaisseaux entrant dans le nou-
    veau port de Middelbourg. Arg. 46 mm... TB.   18 »

329 *Italie.* François de Gonzague. FRANC. IIII. D. G.
    DVX, MANT. V. MONT. FER. III. AN. I. ÆT. XXVI.
    Buste, à dr., avec grande collerette, draperie et
    cuirasse damasquinée. Belle méd. par Dupré.
    1612. De l'époque. Br. 163 mm........ TB.   250 »

330 DANTE ALIGHIERI. Buste de Dante lauré, à dr. R⎣.
    incus. Br. 128 mm................... TB.   20 »

331 FRANCESCO PETRARCA. Son buste lauré, à g. R⎣.
    incus. Br. 128 mm................... TB.   20 »

332 Méd. au buste d'Alexandre VII. Br. 68 mm. TB.   8 »

333 Méd. au buste de Léon XII. Arg. 42 mm... TB.   10 »

334 Méd. au buste de Pie VII. R⎣. Sépulcre de Saint-
    François. Arg. 42 mm................ TB.   12 »

335 Méd. au buste de Pie IX. R⎣. Lieu d'asile pour
    les pauvres. Arg. 43 mm.............. TB.   10 »

336 Buste de Pie IX, à g. R⎣. Église de Saint-Laurent.
    Arg. 43 mm....................... TB.   10 »

337 Buste de Pie IX, à dr. R⎣. Buste de la Vierge.
    Arg. 26 mm....................... TB.   3 »

338 *Espagne.* Buste de Charles-Quint, à dr. R⎣. Phi-
    lippe V à cheval. Épreuve d'après un exem-
    plaire ancien. Arg. 95 mm............ TB.   80 »

339 IMP. CAR. V ET PHI. PRINC. ISP. Bustes accolés de
    Charles-Quint et de Philippe V. Épreuve
    ancienne. Br. 40 mm................ TB.   30 »

340 REGINA CHRISTINA. Buste de la reine Christine.
    R⎣. NEC FALSO NEC ALIENO. Soleil rayonnant.
    Arg. 42 mm....................... TB.   25 »

341 Marie-Christine de Bourbon. Son buste, à g. R⎣.
    Marie-Christine dans un quadrige. Méd. offerte

par la députation provinciale de Barcelone en
1844. Arg. 52 mm.................... TB.   16   »

342 Ferdinand d'Espagne et sa famille. Bustes, à g. de
huit personnages. Plomb. 180 mm...... TB.   10   »

343 *Suède*. Gustave-Adolphe. Son buste, à dr. R⁄.
FELICITAS MVSARVM VPSAL. Muse assise, à g. Br.
32 mm.................... TB.   8   »

344 Buste de Gustave-Adolphe, à dr. R⁄. Buste de
Marie-Éléonore, à g. Légende gravée à la
pointe. Étain. 40 mm.................... B.   20   »

345 Charles XI. Buste, à dr. R⁄. HOC ENSE LIBERAVIT.
1679. Dextrochère tenant une épée. Br. 43 mm.
TB.   5   »

346 Buste de Charles XI, à dr. R⁄. Bustes conjugués
de Gustave-Adolphe et d'Éléonore. Étain.
46 mm.................... B.   6   »

347 Buste, à dr. R⁄. QVÆ NON POSTVLASTI DEDI TIBI.
Le roi agenouillé ; devant lui, les insignes de la
royauté. Br. 46 mm.................... TB.   5   »

348 Charles XII. Son buste, à dr. R⁄. NATUS EST D.
XVII IUN A. MDCLXXXII OCCUB. D. XXX. NOV. A.
MDCCXVIII. Arg. 34 mm.................... TB.   12   »

349 Buste de Charles XII. R⁄. PAR ANIMO ROBUR. Lion
passant. Br. 40 mm.................... TB.   4   »

350 Méd. ovale au buste de Charles XII. ICH FURCHTE
MICH NICHT FUR VIEL. HUNDERT etc. Étain.
40 mm.................... TB.   6   »

351 Christine de Suède. Méd. à son buste. Br.
32 mm.................... TB.   4   »

352 Deuxième centenaire de la mort de Gustave-
Adolphe. 1832. Arg. 40 mm.......... TB.   22   »

353 *Suisse*. SALUS REIPUBLICAE. La Justice et la Paix
deb. près d'un autel. A leurs pieds, une
Furie étendue. R⁄ DISSIDIA GENEV. COMPOSITA
OFFICIIS ET ARBITRIO LUDOVICI XV etc. Br. 53 mm.
TB.   20   »

354 Berne. HONOS ET VIRTUS. Femme tenant un enfant
auprès d'un autel. R⁄. Écusson de la ville de
Berne. Étain. 49 mm.................... TB.   10   »

Jetons.

355 **XIVᵉ siècle**. AS TRESORIER LE ROY. Écu fleurdelisé.
R⫣. AMIS AMES AMIE AVES. Croix fleurdelisée.
Cuivre . . . . TB.   20   »

356 **François Iᵉʳ**. Chambre des comptes. Cuivre. B.   3   »

357 **Henri II**. HENRICO SECVNDO REGNANTE. Le roi sur
un trône. R⫣. CURIA MONETARUM FRANCIE. Cuivre.
TB.   10   »

358 **Henri III**. Conseil du roi. 1570. Cuivre. B.   2   »

359 **Henri IV**. QVÆ. CÆSARIS. CÆSARI. QVÆ. DEI. DEO.
Buste lauré d'Henri IV. 1600. R⫣. IN NUMERIS
ORDO. Écu de France-Navarre. Cuivre... TB.   12   »

360 **Louis XIII**. *Conseil du roi*. 1630. METAS NEC TEM-
PORA PONO. Lis croissant dans un parc dévasté.
Arg . . . . B.   6   »

361 1636. HAEC META LABORUM. Dextrochère assommant
l'Hydre. Arg. . . . . TB.   6   »

362 *Ferme des aides*. 1639. Cuivre. . . . . TB.   2   »

363 *Chambre aux deniers*. 1625. Cuivre. . . . . B.   3   »

364 *Les Cœurs fidèles*. 1642. Cuivre. . . . . TB.   1   »

365 CARA DEO SOBOLES. 1615. Buste du jeune roi
Louis XIII. Cuivre. . . . . TB.   2   »

366 **Louis XIV**. Le roi à cheval, à g. . . . . TB.   2   »

367 Gabelle de France. 1664. Cuivre. . . . . TB.   4   »

368 *Conseil du roi*. 1645. NOSTRIS PARS REDDITA TERRIS.
Plan de la forteresse de Gravelines. Arg. . TB.   6   »

369 *Trésor Royal*. 1677. QVANTVM SATIS. Écluses.
Arg . . . . TB.   4   50

370 — 1705. NEC SISTVNT NVBILA CVRSVM. Soleil dans
les nuages. Arg. . . . . B.   4   »

371 *Chambre aux deniers*. 1700. Dextrochère arrosant
des plantes. Arg. . . . . B.   4   »

372 *Parties casuelles*. FORTUNA LABORQUE. 1657. Gerbe
de blé. Arg. . . . . B.   5   »

373 *Secrétaires du roi*. Jeton de 1711. Arg. . . . . . . TB.   4   »

374 Jeton de 1680. Diamant taillé. Arg. . . . . TB.   5   »

375 *Extraordinaire des guerres et cavalerie légère.* 1659.
Cuivre.................................... TB.   3   »

376 *Marie-Adélaïde, dauphine.* MARIA ADELAIS DELPHINA.
Buste, à dr. R⁄. 1712. SPLENDOR MAGNVS MAXIMA
VIRTVS. Couronne ornée de lis et de dauphins.
Arg.................................... TB.   15   »

377 **Louis XV**. *Écuries du roi.* Cheval à dr. Arg.
TB.   5   »

378 *Trésor royal.* 1723. STABIT HONOS ET GRATIA VIVAX.
Arbrisseaux. Arg.................... TB.   6   »

379 1735. NON SPOLIANT HYEMES. Oranger. Arg.. TB.   4   »

380 1736. Ruche et abeilles. Arg............ TB.   4   »

381 1738. DECET ESSE PERENNEM. Fleuve assis. Arg.
TB.   6   »

382 1739. Arbres croissant sous les rayons du soleil.
Arg.................................... TB.   5   »

383 1750. HAURIT UT SPARGAT. Drague. Arg.... TB.   5   »

384 1753. PERENNITER. Fleuve assis, à dr. Arg... TB.   5   »

385 1756. AETERNITAS. Corne d'abondance et serpent
enroulé. Arg........................ TB.   4   »

386 1758. Neptune deb. près de deux fleuves. Arg.
TB.   5   »

387 *Extraordinaire des guerres.* 1740. Éole retenant
les vents dans leur antre. Arg.......... TB.   6   »

388 1763. NON FRANGITUR. Vent soufflant sur un arbre.
Arg.................................... TB.   6   »

389 1770. INVIA NULLA VIA EST. Lions. Arg..... TB.   5   »

390 *Chambre aux deniers.* 1744. DIVITIIS ET SAPIENTIA.
La Richesse et la Science debout. Arg... TB.   3   »

391 1758. NULLA TEMPESTATE MUTATUR. Arbrisseau.
Arg.................................... TB.   4   »

392 *Académie des Inscriptions et Belles-Lettres.* VETAT
MORI. Femme debout tenant une couronne.
Arg.................................... TB   4   »

393 Variété. Une pyramide derrière la femme. Arg.
TB.   4   »

394 Jeton de l'élection de Paris. Arg........... TB.   4   »

395 *Bâtiments du roi.* QUID NON ARTE VALET. Caducée
ailé et vue du château de la Muette. Arg. TB.   5   »

396 *Ordre du Saint-Esprit.* 1728. Saint-Esprit et flamme. Arg.. .... TB. 5 »

397 *Ordre militaire de Saint-Louis.* Saint Louis debout. Arg .. .. TB. 5 »

398 *Secrétaires du roi.* 1724. Arg.. .... TB 4 50

399 *Conseillers du roi et notaires* en 1720. Arg... TB. 6 »

400 *Subventions aux établissements religieux.* Arg. TB 6 »

401 *Convent du clergé Gallican* en 1762. Arg.... TB. 4 »

402 *Convent du clergé Gallican* en 1715. Châsse portée par quatre prêtres. Arg............. TB. 4 50

403 *Avocats au conseil du roi.* 1753. Oiseau regardant le soleil. Arg....................... TB. 8 »

404 *Syndics des tontines.* Tête de Louis XV ceinte d'un bandeau. VIGILANS ET CUSTOS. Héron debout, de face. A l'exerg. : SCINDICS DES TONTINES. Arg................................ TB. 25 »

405 Variété du précédent. Buste lauré du roi. Arg. TB. 25 »

406 *Académie de Saint-Luc.* Tête de Louis XV. R⳽. HÆC ANTIQUA MINERVA. Minerve assise, à dr., s'appuyant sur l'écusson de l'Académie. Arg. TB. 8 »

407 *Invalides de la marine* en 1773. Statue de Louis XV entre deux bustes sur une colonne. Octog. Arg................................ TB. 12 »

408 *Marie Leczinska.* 1743. MICAT INTER OMNES. Le firmament. Arg................... TB. 8 »

409 1746. SPES JAM CERTA FUTURI. Petit palmier croissant à l'ombre d'un plus grand. Arg. TB..... 8 »

410 1755. NOVUM EX SERIE DECUS. Parterre de lis. Arg................................ TB. 8 »

411 Jeton de la maison de Marie-Thérèse, dauphine, 1746. Cuivre.....................TB. 5 »

412 *Conseillers du roi et notaires.* Arg.......... TB. 4 »

413 **Louis XVI.** *Académie royale de chirurgie* en 1751. COLIT ET COLITUR. Minerve assise, à g., auprès d'elle un génie ailé, tenant un écusson. Arg. TB. 5 »

414 *Connétablie et maréchaussée de France.* Bâtons de

maréchaux et L cursives en sautoir sous une couronne. Arg. . . . . TB.   5   »

415 *Extraordinaire des guerres.* 1776. NEC PAX SINE ARMIS. Minerve armée debout. Arg. . . . . . . TB.   5   »

416 *Trésor royal.* TRÉSOR ROYAL. en deux lignes dans une couronne de chêne. Octog. Arg. . . . TB.   10   »

417 *Convent du clergé Gallican* en 1775. Octog. Arg. TB.   4   »

418 *École royale de chirurgie.* SALUTI PUBLICAE. Vue de la Faculté de médecine. A l'exerg. : SCHOLAE REGIAE CHIRURG. PAR. 1775. Arg. . . . . TB.   12   »

419 Variété du précédent. Le buste du roi habillé. Arg. . . . . TB.   12   »

420 *Marie-Antoinette.* Jeton de la maison de la Reine. Son buste, à dr. Cuivre. Refrappe. . . . . . . TB.   3   »

421 *République.* ÉCOLES GRATUITES DE DESSEIN. R⸖. ASSIDUITÉ DU JEUDI. Cuivre. . . . . TB.   4   »

422 ÉCOLES GRATUITES DE DESSEIN. R⸖. ASSIDUITÉ DU SAMEDI. Cuivre . . . . TB.   4   »

423 **Particuliers.** *L. Al. de Bourbon, amiral de France.* R⸖. MARINE, 1695. IMMOTA TIMETUR. Rocher battu par les flots. Arg. . . . . B. .   5   »

424 Même type. R⸖. MARINE. 1712. BELLO PACIQUE. Le char de Neptune. Arg. . . . . B.   5   »

425 MARINE. IMMOTA PROCELLIS. Boussole sur une table. Arg. Troué. . . . . TB.   4   »

426 Jeton uniface au buste de Louis Boucherat, chancelier de France. Cuivre. . . . . TB.   6   »

427 Jeton au buste de L. A. de Bourbon, grand maitre de l'artillerie. Cuivre. . . . . TB.   2   »

428 *René de Voyer d'Argenson, lieutenant général de police.* Ses armes. R⸖. VIGILAT UT QUIESCANT. 1713. Cigogne veillant ses petits. Cuivre. . TB.   10   »

429 *Le cardinal Barberini.* CAR. AN. BAR. MAG. FRANC. ELEM. Son buste, à dr. GRATIOR UMBRA. Lis et abeilles. Cuivre . . . . TB.   5   »

430 *Hecquet,* doyen de la Faculté de médecine. 1713. Cuivre . . . . AB.   4   »

431 HY. THEOD. BARON DE CAMUS. Son buste, à dr. R⸖. URBI ET ORBI SALUS. 1754. Ses armes. Cuivre. TB.   6   »

432 *Desessartz*, doyen de la faculté de Paris. Son buste,
à g. R⟳. Inscription en neuf lignes rappelant
l'opération de la section des os du pubis. Arg.
Rare.. TB. 25 »

433 THOM. LE VACHER DE LA FEUTRIE EBROIC. S. FAC. P.
DEC. Son buste, à dr. R⟳. Ses armes. 1779-1780.
Cuivre.. TB. 5 »

434 *Louis-Henri Rouvière. Pharmacien.* Paris. 1706.
Cuivre... B. 5 »

435 *M. Harley de Beaumont,* procureur général du roi,
commissaire des pauvres. 1672. Cuivre. TB. 2 »

436 *Félibien, seign^r des Avaux.* Son buste, à dr. R⟳. ET
DAME MINET DE BERGNY. 1712. Leurs écus. Cuivre.
TB. 8 »

437 *Philippe, duc d'Orléans.* Jeton à son buste par Jean
Dassier. 1723. Arg...................... TB. 8 »

438 *Charles II, roi d'Espagne.* Son buste, à dr. R⟳.
RENASCITUR. 1666. Phénix renaissant de ses
cendres. Arg................................. 5 »

439 Jeton au buste de Maurice de Nassau. R⟳. Ses
armes. Cuivre....................... TB. 3 »

440 *Frédéric III, duc de Saxe.* Jeton frappé à l'occasion
de son jubilé. 1755. Arg............... TB. 5 »

441 Jeton au buste de Charles-Louis, archiduc d'Autriche, préfet de Belgique 1793. Arg. Octog.
TB. 6 »

442 *Marie-Christine d'Autriche et Albert de Saxe.* Les
deux bustes affrontés. 1780. Octog. Arg.. TB. 8 »

443 *Marie-Thérèse.* Son buste, à dr. R⟳. Indiens près
d'un écusson. Arg. .... TB. 4 50

444 Jeton au buste de Charles-Alexandre de Lorraine.
Bruxelles, 26 mars 1769. Arg.......... TB. 8 »

445 *Léopold II.* Jeton relatif à son avènement. 1790.
Arg.. TB. 3 50

446 Jeton au buste de Joseph, évêque de Bâle
(Suisse). R⟳. REM NUMARIAM RESTITUIT. 1788,
dans une couronne de chêne. Octog. Arg. TB. 10 »

447 *Joseph II.* Son buste, à dr. R⟳. TERRITORIUM
IPRENSE. Lion tenant un écusson. Arg.... TB. 6 »

448 Jeton au buste de Joseph II. R⁄. VINCTIUM FIDELI-
TATIS PUBLICAE. 1731. Arg............ TB.   4   »

449 A LELEWEL L'ILLUSTRE NUMISMATE. Sa tête, à dr.
R⁄. AMOR BELGARUM EXSULIS SOLATIUM. Arg.
TB.   4   »

450 **Paris.** AVE : MARIA : G. Le roi debout sous un
dais, imit. du royal de Philippe VI. Cuiv. TB.   3   »

451 AVE MARIA GRATIA. Trois lis dans un écusson.
Imit. du guénard de Charles VI. Cuiv. TB..   3   »

452 CEST. LA MALE BEST. Tarasque. Cuiv........ TB.   6   »

453 Monogramme chrétien. R⁄. Écu chargé de quatre
lis. Cuiv................. B.   2   »

454 Le roi sous un portail gothique accosté de quatre
lis. R⁄ PAR AMOURS SUIS DONES. Croix fleurdelisée. Imit. du royal de Philippe VI. Cuiv. TB.   4   »

455 RAIIAS RPVSIRV PAR RVP. Agnel avec la banderole. Imitation du mouton de Jean le Bon
Cuiv................. TB.   3   »

456 AVE MARIA GRACI. Tête, à dr. R⁄. AVE MARIA. Croix
fleurdelisée. Cuiv .... TB.   5   »

457 IETES BIEN SEUREMENT. Agnel avec la banderole.
R⁄. CE SONT LES GIETOERS. Croix fleurdelisée.
Cuiv. Imit. de l'agnel de Charles VII.... TB.   3   »

458 HURTE BIEN MOUTON. Mouton avec la banderole.
R⁄. DE LATON SUI NOV MES. Croix dans un qua-
drilobe. Imitation de l'agnel de Jean le Bon.TB.   4   »

459 AVE MARIA GRA. Le roi debout tenant un écu.
Imit. du denier à l'écu. Cuiv. .... TB.   3   »

460 Pentagone dans une épicycloïde. Cuiv...... TB.   2   »

461 Tête couronnée de face dans une épicycloïde.
Type de l'esterlin d'Édouard d'Angleterre.
Cuiv................. TB.   2   »

462 AVE MARIA GRATIA PLEI. Écu chargé de lis. Type
du denier d'or de Saint Louis. Cuiv..... TB.   3   »

463 IE SUIS DE LATON BEL. Châtel tournois entre deux
lis. Type du châtel tournois. Cuiv....... TB.   3   »

464 Couronne accostée de deux étoiles. Type de la couronne d'or de Philippe VI. Cuiv........ TB.   2   »

465 AVE MARA GRATIA PLEN. Écu couronné chargé de
lis. Cuiv................. TB.   3   »

466 Lis entre quatre étoiles. Type du florin.. TB.   2   »

467 Croix anglaise cantonnée de douze globules.
      Cuiv.............................. TB.   1   »

468 Écu chargé de six lis. Cuiv............. TB.   1   »

469 VIVE LE BON ROY DE FRANCE. Écu en losange chargé
      de quatre lis. R⁄. VOLGUE LA GALEE DE FRANCE.
      Vaisseau. Cuiv...................... TB.   6   »

470 Homme sauvage tenant un écu. Cuiv...... TB.   3   »

471 IVᵉ Prévôté de M. de Fourcy. 1699. Cuiv.. TB.   4   »

472 IVᵉ Prévôté de M. Claude Bosc en 1700. Arg.. B.   5   »

473 Prévôté de M. Jérôme Bignon en 1709. Miroir
      réfléchissant les rayons du soleil. Arg..... TB.   6   »

474 Vᵉ Prévôté de M. Bazile de Bernage. 1753. Arg.
                                              TB.   5   »

475 VIᵉ Prévôté de M. de Bernage. 1754. Arg. TB..   4   50

476 IVᵉ Prévôté de M. Bignon en 1771. Arg.... TB.   5   »

477 Prévôté de M. de la Michaudière 1773. Arg. TB.   5   »

478 Prévôté de M. Le Peletier, conseiller d'État. 1784.
      Ses armes. R⁄. Armes de la Ville de Paris.
      Octog. Arg........................ TB.   10   »

479 *Université de Paris.* SANCTUS CAROLUS MAGNUS.
      Charlemagne debout. 1747. Arg......... TB.   5   »

480 *Maison philanthropique de Paris* en 1781. Dextro-
      chère arrosant des plantes. Arg......... TB.   5   »

481 *Association pour la construction des trois ponts en fer*
      sur la Seine. L'An 9. Vue de la Seine et du
      Louvre. Octog. Arg................... TB.   8   »

482 Jeton de la Ville de Paris. Vue du Pont-Neuf. R⁄.
      Statue de Louis XIV. Arg.............. B.   5   »

483 *Clergé. Saint-Sulpice.* CURAT CUSTODIT ET ORNAT.
      Châsse, palmes, encensoirs, etc. A l'exergue :
      LES MARGUILLIERS DE Sᵀ SULPICE. 1756. R⁄. DAT
      ESCAM ESURIENTIBUS. Femme assise donnant le
      sein à un enfant et distribuant des vivres. A
      l'exergue : LES COMMISSAIRES DES PAUVRES DE
      Sᵀ SULPICE. 1756. Arg................. TB.   25   »

484 *Paroisse de Saint-Jean-en-Grève.* ITQUE DOCETQUE
      VIAM. Saint Jean debout. R⁄. PRIMI MARTYRES.
      Le massacre des Innocents. A l'exerg. : RÉUNION.
      1786. Arg.......................... TB.   25   »

485 *Tribunaux*, sous Bonaparte. SOCIETATIS PRÆSIDIUM. La Justice debout. R⁄. Lion armé d'une massue, défendant les tables de la Loi. A l'exergue : AN III DU CONS. 1801. Arg............TB. 8 »

486 *Préfecture*. LABOR OMNIBUS. La Seine couchée à côté d'une ruche d'où s'échappent des abeilles. R⁄. Aigle sur un vaisseau. Jeton de l'an XIII. Arg............TB. 6 »

487 PRÉFECTURE DU DÉPART^T DE LA SEINE. GRANDE VOIRIE. Armes de Paris. R⁄. 1814. Temple. Arg............TB. 8 »

488 SURETÉ DANS LA CONFIANCE. Femme assise auprès d'une caisse remplie de sacs d'argent. A l'exergue : CAISSE D'ESCOMPTE ÉTABLIE EN 1776. R⁄. Caducée et cornes d'abondance. Octog. Arg. Coin de Lorthior............TB. 12 »

489 Femme assise auprès d'une caisse remplie de sacs d'argent. R⁄. Deux doubles cornes d'abondance, caducée, palmes, ornements. Coin de Galle. Octog. Arg............TB. 6 »

490 *Chambre des avoués du tribunal de 1re instance*, arrêté des consuls du 13 frimaire an 9. MONET NE ARGUAT, 1802. La Justice assise. Octog. Arg. TB. 6 »

491 CONSILIO JUDICIA PARANT. La Justice assise, à g. A l'exergue : AVOUÉS PRÈS LA COUR D'APPEL A PARIS. R⁄. VITAM IMPEDERE LEGUM STUDIO. Table soutenue par des aigles, et portant un livre et une lampe. Coin de Tiolier. Octog. Arg. TB. 8 »

492 LYCÉE DES ARTS. 1792. R⁄. AUX ARTS. Cuiv.. TB. 2 »

493 **Corporations**. *Monnayeurs*. Buste de Louis XV. R⁄. ET LEGE ET PONDERE. Presse monétaire. A l'exergue : MONNOYE 1723. Arg........TB. 5 »

494 *Marchands de vin*. ÆQUATIS IBUNT ROSTRIS. Armes de la corporation dans un cartouche. A l'exergue : LES GARDES MARCHANDS DE VINS. R⁄. Calice sur un autel. Arg............TB. 10 »

495 LES GARDES MARCHANDS DE VIN. Leurs armes. Cuiv. TB. 3 »

496 CONFRAIRIE DES MARCHANDS DE VIN en 1682 et 1691.
Cuiv.. TB.   2   »

497 *Merciers.* Saint Louis debout. R⁄. Écu de la corporation. Cuiv. .... TB.   2   »

498 *Bourreliers.* Buste de Louis XV. R⁄. VENI CORONA-
BERIS. L'assomption. A l'exergue : COMMUNAUTÉ
DES MAIT. BOURRELIERS 1403. Arg........ TB.   20   »

499 *Épiciers et Apothicaires.* 1710. IN IS TRIBUS VERSAN-
TUR. Cartouche aux armes des pharmaciens ;
à l'exergue : MARCHᴰˢ APOTHICAIRES ÉPICIERS. R⁄.
LANCES ET PONDERA SERVANT. Cartouche aux
armes des épiciers. Arg................ TB.   10   »

500 *Collège de pharmacie.* 1778. Coq et serpent. Arg.
TB.   6   »

501 *Maçons.* Sphère. R⁄. CONSOCIARE AMAT. Minerve
tenant une équerre et un sceptre. Arg.... TB.   5   »

502 OMNIA CUM PONDERE NUMERO ET MENSURA. Femme
traçant un plan. R⁄. RECTI IRRESIQUIETA CUPIDO.
Monuments ; à l'exergue : GREFFIERS DES BATI-
MENTS. Arg........................ TB.   10   »

503 JEAN ROUVET INVENTEUR DES FLOTTAGES EN 1549.
Son buste, à g. R⁄. COMMERCE DE BOIS FLOTTÉ.
Coin de Droz. Arg.................... TB.   8   »

504 Même type. R⁄. COMMERCE DU BOIS A BRULER.
Coin de Dubois. Arg.................. TB.   8   »

505 *Officiers passeurs d'eau,* sous Louis XVI. Cuiv.
Refrappe......................... TB.   2   »

506 *Jardiniers.* HORTUS HESPERIDUM. Orangers. R⁄. CUL-
TORI AUREA POMA. Corbeille d'oranges. Octog.
Arg............................. TB.   6   »

507 Tête de Louis-Philippe. R⁄. COMMᶜᴱ DE LA BOU-
CHERIE DE PARIS. Taureau. Octog. Arg... TB.   8   »

508 **De Napoléon Iᵉʳ à nos jours.** *Médecine.* IΠΠOK-
PATHΣ. Buste d'Hippocrate. R⁄. FACULTÉ DE
MÉDECINE DE PARIS. MDCCCIX. Serpent enroulé
autour d'une massue. Arg.............. TB.   10   »

509 Buste d'Esculape, à g. R⁄. ÉCOLE DE MÉDECINE DE
PARIS, dans un cercle formé par un serpent.
Deux variétés. Arg. TB. Chaque............   8   »

510 Buste de Louis XVIII, à g., coin de Gayrard. R⁄.

ACADÉMIE ROYALE DE MÉDECINE, dans une couronne de laurier. Octog. Arg........... TB. 5 »

511 Buste de Louis XVIII, à dr. Même revers. Octog. Arg................................. TB. 5 »

512 Même type. Coin de Caqué et de De Puymaurin. R/. Le même. Octog. Arg............. TB. 5 »

513 Buste de Charles X, à dr. R/. ACADÉMIE ROYALE DE MÉDECINE, dans une couronne de laurier. Coin de Dubois. Octog. Arg........... TB. 5 »

514 Même médaille. Coin de Dubois et de De Puymaurin. Octog. Arg..................... TB. 6 »

515 Buste de Louis-Philippe, à dr. R/. ACADÉMIE ROYALE DE MÉDECINE, dans une couronne de laurier. Coin de Caqué. Octog. Arg........ TB. 5 et 6 »

516 Buste nu, à dr., par Dubois. R/. du précédent, avec quelques variantes. Octog. Arg..... TB. 6 »

517 Buste d'Esculape, à dr. R/. HOSPICES CIVILS DE PARIS, dans une couronne de laurier. Arg. TB. 5 »

518 Même buste. R/. HOSPICES CIVILS DE PARIS, JURYS DES CONCOURS, dans une couronne de laurier. Arg................................. TB. 6 »

519 Buste de Louis-Philippe, à g., par Barre. R/. du précédent. Arg...................... TB. 10 »

520 Variété du précédent. Coin de Caqué. Arg... TB. 10 »

321 Tête d'Hippocrate, à g. R/. ADMINISTRATION GÉNÉRALE DE L'ASSISTANCE PUBLIQUE. PARIS. Pélican nourrissant ses enfants. Arg............. TB. 5 »

522 Génisse, à g. A l'exergue : EX INSPERATO SALUS. R/. VACCINATIONS MUNICIPALES DE PARIS. MDCCCXIV, dans une couronne. Arg....... TB 4 »

523 Buste d'Esculape, à dr. R/. CHAMBRE SYNDICALE DES FABRICANTS DE PRODUITS PHARMACEUTIQUES DE FRANCE, dans une couronne. Arg....... TB. 6 »

524 SOCIÉTÉ DE PRÉVOYANCE DES PHARMACIENS DE LA SEINE. FONDÉE EN 1824, dans une couronne de chêne. R/. La Prévoyance assise, à g., sur des livres ; à ses pieds, un enfant. Octog. Arg. TB. 5 »

525 Variété du précédent, une partie de la légende autour de la couronne. Octog. Arg...... TB. 5 »

526 Tête de République, par Oudiné. R/. PRÉFECTURE

*

DE POLICE. COMMISSIONS D'HYGIÈNE PUBLIQUE ET DE SALUBRITÉ. Arg...................... TB.   6   »

527 Buste de la République française, à g. ℞. PRÉFEC-
TVRE DE POLICE. COMMISSIONS D'HYGIENE PVBLIQVE
ET DE SALVBRITÉ. Vue de la Préfecture de police.
Jolie méd. de Roty. Arg. 36 mm........ TB.   8   »

528 VILLE DE PARIS. Armes de la Ville de Paris, dans
un cartouche. ℞. SOCIÉTÉ MÉDICALE DU DIXIÈME
ARRONDISSEMENT, 72, FG ST MARTIN. JETON DE
PRÉSENCE, dans une couronne de chêne et de
laurier. Arg...................... TB.   5   »

529 **Divers**. Buste d'Apollon, à dr. entre une lyre et
une branche de laurier. ℞. SOCIÉTÉ PHILOTECH-
NIQUE. FONDÉE EN L'AN 3. 1795. Abeille. Coin
d'Andrieu, Arg...................... TB.   8   »

530 CHAMBRE DES ENTREPRENEURS DE MAÇONNERIE. Ruche
et abeilles. ℞. LE 13 JANVIER 1810. Octog.
Arg...................... TB.   10   »

531 Buste de Louis XVIII, à g. ℞. ACADÉMIE FRAN-
ÇAISE. INSTITUT ROYAL DE FRANCE. Couronne de
chêne. Arg...................... TB.   5   »

532 LES FACTEURS A LA HALLE AUX FARINES. 1823. Trois
fleurs de lis dans une couronne. ℞. La halle
aux farines. Octog. Arg........... TB.   6   »

533 *Comité d'escompte*. Tête de Louis-Philippe Ier. ℞.
COMITÉ D'ESCOMPTE POUR LE COMMERCE ORDON-
NANCE DU ROI DU 26 OCTOBRE 1830. Hexag.
Arg...................... TB.   8   »

534 Tête laurée de Louis-Philippe. ℞. COURTIERS DE
COMMERCE ET COURTIERS D'ASSURANCES. Mercure
assis, à dr., sur des ballots de marchandise. A
l'arrière-plan, vue de la Bourse. Octog. Arg.
TB.   5   »

535 Tête laurée de Louis-Philippe, à dr. ℞.
COMPAGNIE FRANÇAISE DU PHÉNIX. 1819. ASSU-
RANCE CONTRE L'INCENDIE. Phénix renaissant de
ses cendres. Oct. Arg............. TB.   6   »

536 *La Mer*, compagnie d'assurances maritimes. Vénus
sortant d'une coquille, voguant sur la mer.
Arg..................... TB.   10   »

537 Bateau sur la mer en furie. ℞. CERCLE COMMERCIAL

D'ASSURANCES A PARIS. 18 JANVIER 1829. Octog.
Arg. : .... TB.   5   »

538 LA FRANCE. La France assise, à dr., sur un ballot
de marchandises. R⃗. COMPAGNIE D'ASSURANCE
SUR LA VIE. ORDONNANCE ROYALE. 18 MAI 1843.
Octog. Arg. .... TB.   5   »

539 ASS^ce MUTUELLE MOBILIÈRE PARISIENN^e C^re L'INCENDIE.
Galère et mains jointes sur un écu. Octog.
Arg. .... TB.   5   »

540 *Comptoir général du commerce*. 1843. La Fortune
assise, de face. Octog. Arg. .... TB.   5   »

541 Caisse d'Union commerciale. Cusin Legendre et
Cie. 1848. Octog. Arg. .... TB.   5   »

542 Mercure assis, à dr., sur des caisses de marchandises. R⃗. CAISSE CENTRALE DU COMMERCE ET DES
CHEMINS DE FER. Octog. Arg. .... TB.   7   »

543 *Chemin de fer de Paris à Orléans*. Femme deb.,
entre les armes de la Seine et de la Loire, au
second plan deux locomotives. Octog. Arg. TB.   6   »

544 CHAMBRE DE COMMERCE DE PARIS. INSTITUÉE LE
25 FÉVRIER 1803. R⃗. Armes de la ville de
Paris entre deux cornes d'abondance. Octog.
Arg. .... TB.   8   »

545 CHAMBRE SYNDICALE DES TISSUS FONDÉE EN 1848.
Ancre, caducée, etc. R⃗ : DÉP^t DE LA SEINE.
Femme deb. appuyée sur des ballots de mar-
chandises, près d'elle un métier à tisser. Octog.
Arg. .... TB.   6   »

546 *La Sphère*. Compagnie anonyme d'assurances
maritimes. Paris, 1858. Arg. .... TB.   8   »

547 Chambre syndicale de la draperie. Le Commerce
et l'Industrie se donnant la main. Arg... TB.   3 50

548 CHAMBRE SYNDICALE DES MIROITIERS dans une couronne de chêne. R⃗ : FONDÉE EN JANVIER 1844.
Miroirs. Octog. Arg. .... TB.   3   »

549 VILLE DE PARIS. ENTREPRISE DU BATIMENT, CAROS-
SIERS, MIROITIERS, TAPISSIERS. R⃗ : SYNDICAT
GÉNÉRAL DES CHAMBRES FONDÉ LE 17 MARS 1853.
Octog. Arg. .... TB.   4 50

550 Cercle de la librairie, de l'imprimerie et de la

papeterie fondé en 1847. Cartouche armorié. R⁄. EX UTROQUE. Livre ouvert. Arg..... TB.   4 »

551 Chambre de MM. les marchands carriers constituée en 1840. Carrière et roue d'extraction. Arg.................... TB.   4 »

552 CHAMBRE DES TAPISSIERS, dans une couronne. R⁄. FONDÉE A PARIS, LE 9 FÉVRIER 1848. Octog. Arg..........•.............. TB.   4 »

553 SOCIÉTÉ INDUSTRIELLE FONDÉE EN 1830 par J. F. VEYRAT : Ruche et abeilles. R⁄. Sphère, ballots de marchandises, corne d'abondance. Octog. Arg.................... TB   5 »

554 Buste de femme, ayant chef l'église du Sacré-Cœur. R⁄. SOCIÉTÉ CENTRALE DES ARCHITECTES. Compas et fleur. Arg................ TB.   6 »

555 ABONDANCE SÉCURITÉ DES PEUPLES. Cérès debout, de face, la tête à g. R⁄. BOULANGERIE DE PARIS. Couronne d'épis, à l'intérieur de laquelle se lit : A P.V. GEOFFROY JEUNE, ELECTEUR 1844. Octog. Arg.................... TB.   8 »

556 ICI LA TERRE EST FORTE ET CÉRÈS LA CHÉRIT. Cérès debout, de face, la tête à g. A l'exerg. : MDCCCXXI. R⁄. BOULANGERIE DE PARIS, dans une couronne d'épis. Arg................ TB.   3 »

557 SOCIÉTÉ ACADÉMIQUE DES ENFANTS D'APOLLON. Oiseau perché sur une lyre. 1807. Arg... TB.   4 »

558 COMPAGNIE DES QUATRE CANAUX. R⁄. LOI DU 14 AOUT 1822, dans une couronne de chêne. Octog. Arg.................... TB.   6 »

559 Charrue et gerbe d'épis dans un champ. R⁄. COMPAGNIE GÉNÉRALE DE DESSÈCHEMENT, dans une couronne. Coin de Laurence. 1828. Octog. Arg.................... TB.   4 »

560 ÉCOLE IMPÉRIALE POLYTECHNIQUE. Trophée d'armes. R⁄. EXPERTISE, dans une couronne. Arg.. TB.   6 »

561 Buste de Napoléon III, à g. R⁄. AGENTS DE CHANGE DE PARIS, 1853. Mercure assis, à dr. A l'arrière-plan, vue de la Bourse. Octog. Arg.... TB.   6 »

562 MINISTÈRE DE L'INSTRUCTION PUBLIQUE, dans une couronne. R⁄. BUREAU D'ADMINISTRATION DES LYCÉES, dans une couronne. Arg........ TB.   5 »

563 SOCIÉTÉ DE S^{TE} MARIE. ASSOCIATION DES DEMOISELLES
    DU COMMERCE. Ruche et abeilles. R⁄. MLLE LOUISE
    LEROUGE. 27 MARS 1892. Arg.......... TB.   4 50

564 Mercure assis, à g. 1831. R⁄. COMMISSAIRES
    EXPERTS DU GOUVERNEMENT. Loi du 27 juillet
    1822. Octog. Arg.................. TB.   3 50

565 *Société nationale d'aviculture de France.* Coq et
    poule. R⁄. SÉLECTION. HYGIENE. ÉCONOMIE.
    VOLIÈRE. BASSE-COUR. CHASSE. Cartouche. Arg.
    TB.   8 »

566 CRÉDIT FONCIER DE FRANCE. Attributs agricoles.
    R⁄. DÉCRETS DES 28 MARS ET 10 DÉCEMBRE 1852,
    dans une couronne de chêne. Arg...... TB.   6 »

567 Tête laurée de Louis-Philippe, à g. R⁄. Vue de   »
    l'Arc de triomphe. Arg. 24 mm........ TB.   3 »

568 FERDINAND II, ROI DES DEUX-SICILES. Son buste,
    à dr. R⁄. CHEMIN DE FER DE NAPLES A NOCERA ET
    CASTELLAMARE. Locomotive, à dr. A l'exerg. :
    B. DE LA VINGTRIE F. ET DE VERGES. 1840.
    Octog. Arg.................... TB.   8 »

569 Jeton de la loge 'Emules d'Hiram' 1822. Cuivre.
    TB.   3 »

570 Caisse d'Épargne. L'Épargne assise, à dr. R⁄.
    Ruche dans un paysage. Arg. Joli jeton de
    Chaplain....................... B.   5 »
    TB.   6 »

Province.

571 *Amiens.* Jeton de la Chambre de commerce de
    Picardie. ÉTABLIE A AMIENS LE 6 AOUT 1761.
    Arg...................... TB.   5 »

572 Variété du précédent. Vue du port d'Amiens.
    Arg..................... TB.   5 »

573 VIMINE IVNGOR LILIIS TENACI. Armes d'Amiens.
    Jeton de la Ville sous Louis XIII. Cuiv. TB..   4 »

574 *Angers.* Mairie de M. Marin Jallet de la Veroul-
    lière. 1743. Cuiv................. AB.   3 »

575 *Avallon.* SOCIÉTÉ MÉLOPHILE D'AVALLON. 1787.
    Arg...................... TB.   6 »

576 *Bayonne*. Buste de Louis XV. R⁄. VIGENT FIDE. Hommes déchargeant un vaisseau. Arg... TB. 3 50

577 Buste de Louis XV. R⁄. Écu de la Ville. 1738. Arg...................... TB. 3 »

578 *Beaune*. Mairie de Jean Berardier. Cuiv. B. 3 fr. — TB. 5 »

579 *Bellay*. EC. BELICENSIS. R⁄. Jean-Baptiste debout. Méreau. Cuiv................. B. 4 »

580 Méreau de l'église de Bellay. ECCLESIA BELICENSIS. R⁄. S. IOANNES BAPTISTA. Cuiv.......... TB. 3 »

581 *Bordeaux*. Chambre de commerce. 1750. Arg. TB. 5 »

582 Administration municipale sous Louis XV. Arg. TB. 4 »

583 Administration municipale sous Louis XVI. Arg. TB. 6 »

584 Courtiers royaux sous Louis XVI. Arg..... TB. 4 »

585 Société scientifique, l'an VI. R⁄. Ruche et abeilles. Arg............ ...... TB. 5 »

586 Variété du précédent, sans la date. Arg.... TB. 5 »

587 *Bourgogne*. Jeton des États. 1725. REGIT ME ET DIRIGIT ORBEM. Cadran solaire et soleil. Arg. TB. 10 »

588 Jeton des États sous Louis XVI. 1776.. Arg. TB. 6 »

589 Le même. Année 1779. Arg............ TB. 6 »

590 Le même. Année 1782. Arg............ TB. 6 »

591 *Bretagne*. Jeton des États. Hermine passant. Arg. TB. 4 »

592 Jeton des États. 1752. Arg............ TB. 3 50

593 Jeton des États. 1754. Statue de Louis XV à Rennes. Arg.................. TB. 4 »

594 Jeton des États. 1762. Arg............ TB. 3 »

595 Chambre de Justice. La Justice debout tenant une balance et un glaive. 1647. Cuiv....... TB. 3 »

596 *Briare*. Jeton du canal de Briare. Trois fleuves mélangeant leurs eaux. MDCXLII. Octog. Arg. TB. 6 »

597 *Cambrai*. Jeton de la ville sous Louis XVI. Arg. Trois variétés.............. ... TB. 4 »

598 *Châlons-s.-Marne*. Jeton de l'hôtel de ville. Arg............................. TB. 6 »

599 *Chartres.* Notaires royaux sous Louis XVI. Arg.
    TB.   10   »

600 Variété du précédent. Les cheveux du roi noués
    par un ruban. Arg............ .... TB.   10   »

601 Jeton de la Ville sous Louis XVI. Arg..... TB.   5   »

602 *Dieppe.* Société des Cœurs-Réunis. 1784. VIS UNITA
    FORTIOR. Faisceau de piques réunies par un
    ruban. Arg...................... ...... TB.   10   »

603 Buste de Louis XV, à dr. R⁊. CIVICO FŒDERE
    PRODERIT. Armes de la ville. A l'exergue :
    ÆDIL. DEPPAE COMIT. 1762. Arg.......... TB.   12   »

604 *Dijon.* Jeton de M. Jeantot, conseiller du roi,
    maître des comptes, vicomte majeur de Dijon.
    Cuiv. ... . AB.   10   »

605 Jacques de Frasans, vicomte majeur. 1627. Cuiv.
    AB.   3   »

606 Jacques de Frasans, vicomte majeur. 1631. Cuiv.
    AB.   3   »

607 M. Baudinot, pour la 2ᵉ fois, vicomte majeur.
    1680. Cuiv...................... TB.   4   »

608 Philibert Baudot, vicomte majeur. 1730 Cuiv. B.   3   »

609 Jeton de M. Fr. Baudot, mᵗᵉ des comptes, vic. maj.
    de Dijon. AET. SVAE. 63 ET ITERATI MAGISTR. SVI
    ANNO 7°. Cuiv...................... TB.   6   »

610 Claude Marlot, vicomte majeur. 1751. Cuiv. TB.   3   »

611 Guillaume Raviot. Vicomte majeur. 1775. Cuiv.
    TB.   2   »

612 *Languedoc.* Jeton des États. 1747. NUNC UTILIUS.
    Vue du Pont du Gard. Arg........... TB.   10   »

613 — 1749. HAEC META LABORUM. Femme se reposant
    sur un lit de drapeaux, à l'ombre d'oliviers.
    Arg...................................... TB.   8   »

614 — 1756. Armes dans un cartouche. Arg.... TB.   8   »

615 — 1762. DONUM REGI AMORIS PIGNUS ET EXEMPLUM.
    Navire à la voile. Octog. Arg........... TB.   8   »

616 — 1777. Armes dans un cartouche. Arg..... TB.   8   »

617 Académie des Jeux Floraux. Jeton au buste de
    Clémence Isaure. 1754. Arg............ TB.   8   »

618 Même jeton pour l'année 1819. Arg........ TB.   6   »

619 *La Rochelle*. Chambre de commerce sous Louis XV. 1754. Arg.................... TB.   3   »

620 Chambre de commerce sous Louis XV. s. d. Arg. TB.   3   »

621 Juges et consuls sous Louis XV. 1760. Arg. TB.   6   »

622 M. de Villemontée, seigneur de Montaiquillon. 1632. Cuiv. .... B.   2   »

623 *Lille*. Jeton de l'Administration du bien des pauvres de la paroisse de Sainte-Catherine en 1796. Arg..................... TB.   8   »

624 *Louviers*. Loge des Arts et de l'Amitié. 1805. Arg. TB.   5   »

625 *Lyon*. Alphonse de Richelieu, grand aumônier de France. Cuiv..................... TB.   4   »

626 Prévôté de M. Dulieu. 1692. Cuiv......... TB.   3   »

627 M. Dulieu, prévôt des marchands. Barthélemy Dareste échevin. Cuiv.................. TB.   5   »

628 Jeton de Barthélemy Dareste, échevin en 1692. Cuiv. argenté...................... TB.   10   »

629 Benoit Renaud, échevin de la ville de Lyon. Cuiv. Assez beau.   4   »

630 IIe Prévôté de M. Jean Vaginay. 1703. Cuiv. TB.   3   »

631 DE LA IIIᴱ PRÉVOSTÉ DES MARCHANDS DE Mᴿ LOUIS RAVAT. 1713. Ses armes. R⨼. MESSIEURS BOURG. FERRARY. TROLIER. BORNE ESᴺ D. LYON. Armes des quatre échevins. Arg. Très rare...... TB.   40   »

632 IIᶜ Prévôté de M. le président Dugas. 1727. Cuiv...................... TB.   3   »

633 IIIᶜ Prévôté de M. le président Dugas. 1729. Cuiv...................... TB.   4   »

634 IIIᶜ Prévôté de M. Perrichon. 1735. Cuiv.. TB.   2   »

635 Vᶜ Prévôté de M. Perrichon. 1739. Cuiv.. TB.   4   »

636 IIᶜ Prévôté de M. Hugues Riverieulx de Varax. 1742. Cuiv...................... TB.   4   »

637 Prévôté du président Dugaz. 1751. Cuiv.... TB.   2   »

638 Prévôté de M. Jean B. Flachat. 1753. Cuiv.. TB.   4   »

639 VIᶜ Prévôté de M. Flachat. 1763. Cuiv..... TB.   4   »

640 *Arquebusiers*. ET FOCIS ET BELLO. Cible et arquebuses; à l'exergue : ACAD LUGDUNENSIS SCLOPE-

TARIA. 1741. R⁄. VICTORI PRÆMIA PONIT. Le
Rhône et la Saône debout ; entre eux l'écusson
de la ville de Lyon dans un cartouche très orné.
Arg. . . . . TB.   8   »

641 *Archers*. DARE VULNERA POSSUMUS HOSTI. Apollon,
demi-nu, ayant posé sa lyre, s'apprête à tirer
un oiseau posé sur une cible, tandis qu'à ses
pieds se roule le serpent Python ; à l'exergue :
ACAD. LUGD. SAGIT. Revers du précédent avec
quelque variante dans le dessin. Arg. TB. Rare.   40   »
(Dans une de mes dernières ventes : collection
Julien Feuillet, ce jeton a atteint le prix de
85 fr. plus les frais.)

642 Chambre de commerce. DUM CIRCUIT ORNAT. Le
soleil éclairant la terre. S. d. Arg. . . . . TB.   8   »

643 Chambre de commerce. Le Rhône et la Saône.
Arg. . . . . TB.   4   »

644 Chambre de commerce : SUIS LE LYON QUI NE
MORS POINT, SINON QUAND L'ENNEMI ME POIND.
Octog. Arg. . . . . TB.   8   »

645 Académie littéraire. ATHENAEUM LUGDUNENSE RES-
TITUTUM. 1700. Deux Victoires sur un autel.
Arg. . . . . TB.   6   »

646 Cercle littéraire. 1809. Lion tenant une branche
d'olivier. R⁄. IN CIRCULO CONSONET SEMPER.
Lyre. Arg. . . . . TB.   8   »

647 Conseillers de ville. PATRIA MEMOR. 1756. Arg.
TB. 5 et 6 »

648 Conseillers du roi et notaires en 1715. Arg. . TB.   6   »

649 Notaires de Lyon en 1805. Écu à l'aigle. Arg.
TB.   4   »

650 Notaires de Lyon en 1805. Écu fleurdelisé. Arg.
TB.   · 6   »

651 Le même pour 1812. Coin de Tiolier. Arg. TB.   6   »

652 Tribunaux. LEGE DUCE COMITI JUSTITIA. La Loi et
la Justice debout. Jeton signé : Mercié de Lyon.
Arg. . . . . TB.   5   »

653 *Marseille*. Buste de Louis XVI. Visite sanitaire des
marchandises arrivées au port. 1775. Octog.
Arg. Coin de Gatteaux. . . . . TB.   12   »

654 *Moulins.* BO^T BARDONNET EC^{YER} C^{LIR} AU P^{DIAL} MAIRE. Ses armes. R⁄. Armes de la Ville. Arg.... TB.　8　»

655 *Nantes.* Mairie de François Lorido. 1667. Cuiv. TB.　3　»

656 Mairie de Gratien Libault. 1671. Cuiv...... TB.　3　»

657 Mairie de M. Gratien Libault, capitaine en chef de la Fosse en 1671. Cuiv........... . TB.　8　»

658 Mairie de M. Jean Regnier. 1674. Cuiv.... TB.　3　»

659 Mairie de Louis Charette. 1675. Cuiv. ..... TB.　12　»

660 Mairie de Jacques Frémont. 1680. Cuiv..... TB.　5　»

661 Mairie de M. du Mesnard Pavillon. 1682. Cuiv. TB.　2　»

662 Mairie de M. de Lisle. 1687. Cuiv........ TB.　3　»

663 Mairie de M. Mellier. 1721. Arg........... TB.　8　»

664 Mairie de M. de la Haye Moricaud. 1739. Arg. TB.　4　»

665 Mairie de M. Bellabre. 1752. Cuiv........ TB.　3　»

666 Mairie de M. Bellabre. 1752. Cuiv. arg .... TB.　3　»

667 Jeton de la ville. 1663. Cuiv............. TB.　5　»

668 *Nevers.* Jeton de 1688 de la fondation de Louis de Gonzague et Henriette de Clèves. Arg. TB.　6　»

669 Même jeton pour l'année 1722............. TB.　6　»

670 *Orléans.* Jeton de la mairie de M. Seurrat, écuyer, seigneur de Guilleville. 1780. Ses armes. R⁄. La Pucelle tenant l'écu de la ville. Octog. Arg. Rare.................................. TB.　25　»

671 Jeton de la chambre des chaussées d'Orléans. 1629. Cuiv.......................... TB.　2　»

672 *Reims.* Université. Jeton au buste de Charles de Lorraine, fondateur. R⁄. 1756. Écusson de l'Université. Arg...................... TB.　10　»

673 *Rennes.* Administration municipale. Arg.... TB.　4　»

674 *Rouen.* Marchands toiliers. Buste de Louis XV, à dr. R⁄. ÉTABLISSEMENT DES MARCHANDS TOIL-LIERS DE ROUEN EN 1100. Scène d'exorcisme. Au-dessous, deux écussons couronnés. Très rare. Arg.................................. TB.　45　»

675 Chambre de commerce. Buste de Louis XV, à dr. R⁄. FIRMATO CONSILIO COMMERCIA. 1721. Mer-

cure assis sur un ballot de marchandises.
A l'arrière-plan, vue de la ville. Arg..... TB. 8 »

676 Chambre de commerce. Mercure tenant une corne d'abondance, volant au-dessus de la ville. Coin de Tiolier. Octog. Arg...... TB. 8 »

677 Jeton des monnayeurs de Rouen. Arg... .. TB. 4 50

678 Jeton de la Ville. Buste enfant de Louis XV. Arg........................... TB. 5 »

679 Variété du précédent. Buste jeune en habit de cour. Arg......................... TB. 4 »

680 Variété. Buste au bandeau, à dr. Arg...... TB. 5 »

681 Chambre des assurances. Buste de Louis XV. R⁄. DAT VINCERE FATA. 1742. Ancre et caducée. Arg............................ .... TB. 10 »

682 Lingères. Tête de Louis XVI. R⁄. COMM^TÉ DES M^DES LINGÈRES DE ROUEN. Deux mains jointes. Arg............................. TB. 10 »

683 *Avocats au Parlement.* Buste de Louis XVI. R⁄. FORANSIB.ORATORIB.IN SENAT.NORMANN. — OB. INSTITUT FORENS ACADEM. ROTOM. 1776. Arg. TB. 3 50

684 Jeton aux armes de De la Rochefoucauld, archevêque de Rouen. Octog. Arg.......... TB. 6 »

685 *Saint-Omer.* MO. ECC. SANTI AUDOMARI. Écu de Saint-Omer chargé d'une crosse. R⁄. PRESENTIBUS DABITUR. Dans le champ : XII. Méreau de douze deniers du chapitre de Saint-Omer. Années 1426, 1526 et 1717. Cuiv....... De 1 à 3 »

686 Méreaux de 2, 3 et 4 deniers. Type du précédent avec quelques variantes. La pièce....... de 1 à 2 »

687 *Tours.* Aulegallant de Montorant, maire de Tours. Cuiv..................... TB. 6 »

688 Mairie de Ch. Boutault. 1615-1616. Cuivre. AB. 3 fr. TB. 5 »

689 Mairie de C. Dumoulin. 1624. Cuivre..... TB. 5 »

690 Mairie de F. Morin. 1631. Cuivre........ TB. 5 »

691 Mairie de Jacques Bouet. 1646. Cuivre..... TB. 4 »

692 Mairie de Ch. Mathe. 1664. Cuivre....... TB. 4 »

693 Mairie de M. Benoît de la Grandière. 1785. Arg........................... TB. 12 »

694 MC. Tours et étoiles. Petit méreau. Cuivre. TB.   4 50

695 *Valence*. S. APPOLINARI EPS VALENCIE. Saint Appo-
linaire, deb. ℞. INSIGNIS CIV. VALENCIE. Écu
de Valence. Cuivre. Fruste. Rare...... TB.   10 »

696 *Valenciennes*. Jeton de la ville. 1758. Arg... TB.   5 »

697 *Versailles*. Jeton de la Maison philanthropique.
Dextrochère arrosant des plantes. Arg.... TB.   5 »

698 **De Napoléon I**er **à nos jours. Jetons de notaires.**
Association de Prévoyance du notarial de France.
La Sagesse et la Prévoyance debout près d'un
enfant. Octog. Arg............... TB.   6 »

699 *Comité des notaires des départements.* 1840. Jeton
au buste de Napoléon Ier. Arg.......... TB.   4 50

700 Compagnie des notaires d'Alençon. La Justice
assise, tenant des balances. Octog. Arg.. TB.   5 »

701 Beauvais. Notaires de l'Arrond^t. Buste de
Louis XVIII. ℞. Caducée et miroir en sautoir
dans une couronne, au-dessus de deux mains
jointes. Octog. Arg................ TB.   6 »

702 Notaires de l'arrond^t de Bernay. La Justice
assise, à g. Octog. Arg............. TB.   4 50

703 Même jeton. Variété dans les lettres de la légende.
Octog. Arg............. ...... TB.   4 50

704 Notaires de l'arrond^t de Blaye. La Justice deb.,
tenant des balances. Octog. Arg...... . TB.   5 »

705 Notaires de l'arrond^t de Blois. La Justice assise,
à g. Octog. Arg................... TB.   5 »

706 Notaires de l'arrond^t de Caen. Armes de la ville.
℞. Balances et tables de la Loi. Octog. Arg. TB.   5 »

707 Notaires de l'arrond^t de Clermont-Ferrand. Buste
de Napoléon Ier, à dr. ℞. Table, balance,
dextrochère signant un contrat. Octog. Arg. TB.   8 »

708 Notaires de l'arrond^t de Chartres. 1836. La
Justice tenant des balances. Octog. Arg... TB.   6 »

709 Notaires de l'arrond^t de Corbeil. Balances et
tables de la Loi. Octog. Arg........... TB.   6 »

710 Notaires de l'arrond^t de Coulommiers. 1831.
Balances et tables de la Loi. Octog. Arg. TB.   6 »

711 Notaires de l'arrond^t de Château-Thierry, même
type. Octog. Arg................. TB.   6 »

712 Notaires de l'arrond^t de Clermont (Oise). 1824.
Attributs divers. Octog. Arg............ TB.   5 »

713 Notaires de l'arrond^t de Cosne. 1835. Sphère.
Octog. Arg.......................... TB.   5 »

714 Notaires de l'arrond^t de Douai. Écusson de la
ville. Octog. Arg..................... TB.   6 »

715 NOTAIRES DE L'ARRONDISSEMENT DE SAINT-ÉTIENNE.
Écusson impérial ; dessous, sabre et fusil en
sautoir. R⁄. Sphère. 1813. Arg......... TB. 10 »

716 Notaires de l'arrond^t de Saint-Étienne. 1846.
Sphère. Octog. Arg.................. TB.   6 »

717 Notaires de l'arrond^t de Saint-Étienne. Écu de la
ville. 1886. Arg..................... TB.   6 »

718 Notaires de l'arrond^t de Laon, sous Louis-
Philippe. 1831. Arg.................. TB.   5 »

719 M^{RS} LES NOTAIRES DE L'ARRONDISS. DE LYON.
Écusson fleurdelisé. Dessous, un lion. R⁄.
Sphère. M.DCCC.V. Coin de Tiolier. Arg.. TB.   6 »

720 M^{RS} LES NOTAIRES DE L'ARRONDISSEMENT DE LYON.
Écusson portant un aigle. Dessous, un lion
couché. R⁄. Sphère. M.DCCC.V. Coin de Galle.
Arg................................. TB.   4 »

721 M^{RS} LES CONS^{ERS} DV ROY, NOTAIRES DE LION. Écusson
fleurdelisé. Dessous, un lion. R⁄. Sphère.
1715. Arg.............. .... TB.   5 »

722 Notaires de l'arrond^t de Mâcon. Armes de la
ville. Octog. Arg.................... TB.   5 »

723 Notaires de l'arrond^t de Mantes. Buste de
Louis XVIII, à g. Octog. Arg.......... TB.   5 »

724 COMPAGNIE DES NOTAIRES DE L'ARROND^t DE MONT-
DIDIER. Deux mains jointes. R⁄. Balance et
tables de la Loi dans une couronne de laurier.
Octog. Arg.......................... TB. 10 »

725 Tête de Louis-Philippe, à dr. R⁄. COMPAGNIE DES
NOTAIRES. PARIS. Sphère. Octog. Arg.... TB.   6 »

726 NOTAIRES DE L'ARROND^t DE ROCHEFORT. CHAR.-INF^{RE}.
R⁄. Livre ouvert, sur lequel on lit : LEX. VEN-
TOSE. AN XI. Arg..................... TB.   5 »

727 Notaires de l'arrond^t de Rouen. Tête laurée de
Napoléon III, à g. R⁄. La Justice assise, à g.,
et écrivant. Octog. Arg............... TB.   8 »

728 Notaires de l'arrond^t de Senlis. Buste de Louis XVIII, Coin d'Andrieu. Oct. Arg... TB.   6 »

729 Notaires de l'arrond^t de Senlis. Buste de Charles X, à g. Coin de Caqué et de Puymaurin. Octog. Arg.............................. TB.   6 »

730 Notaires de l'arrond^t de Troyes. Tête de la Justice, à g. Octog. Arg............... TB.   6 »

731 Notaires de l'arrond^t de Vendôme. CAVEANT NE DETRIMENTUM RES PRIVATA PRIVATI CONSULES. Lampe allumée. Octog. Arg........... TB.   8 »

732 *Aisne*. T. de République de Barre. R⁄. CONSEIL CENTRAL D'HYGIÈNE (AISNE) dans une couronne. Octog. Arg...................... TB.   6 »

733 T. de République de Roty. R⁄. CONSEIL D'HYGIÈNE DE L'AISNE, dans une couronne. Arg..... TB.   6 »

734 *Alais*. Trois écussons. R⁄. COMPAGNIE DES PRODUITS CHIMIQUES D'ALAIS ET DE LA CAMARGUE. Arg.............................. TB.   6 »

735 *Agen*. Armes d'Agen. R⁄. Comice agricole d'Agen. Arg...................... TB.   4 50

736 *Amiens*. J'AI TRAVAILLÉ, JE RECUEILLE. Paysan agenouillé, tenant une gerbe. R⁄. COMICE AGRICOLE D'AMIENS. Octog. Arg............. TB.   3 »

737 Tête de Cérès, à dr. R⁄. COMICE AGRICOLE D'AMIENS. Octog. Arg............... TB.   4 »

738 *Angers*. Caisse d'épargne. Armes de la ville. R⁄. Ruche et abeilles. Arg .... TB.   5 »

739 *Avignon*. Société régionale d'éclairage électrique. Buste de Minerve. R⁄. Écu d'Avignon. Octog. Arg.............................. TB.   6 »

740 *Bayonne*. Buste de Louis XVIII, à dr. R⁄. CHAMBRE DE COMMERCE DE BAYONNE. Vaisseau. Arg. TB.   4 »

741 *Beaugency*. Caisse d'épargne de Beaugency. L'Épargne déposant de l'argent derrière une statue de Minerve. R⁄. Armes de la ville. Octog. Arg........................ TB.   4 50

742 *Bas-Rhin* (*Dép^t du*). J'AI TRAVAILLÉ, JE RECUEILLE. Paysan à genoux, à dr., tenant une gerbe d'épis. R⁄. SOCIÉTÉ DES SCIENCES, AGRICULTURE ET ARTS DU BAS-RHIN. Octog. Arg....... TB.   5 »

743 *Bordeaux*. Chambre de commerce de Bordeaux. Buste de Louis XVIII, à dr. ℞. Proue de navire. 1821. Arg.................... TB.   5   »

744 Chef de service médical. Buste d'Hippocrate. ℞. HOPITAL SAINT-ANDRÉ A BORDEAUX. Vue de l'hôpital. Octog. Arg.................. TB.   8   »

745 BANQUE DE BORDEAUX FONDÉE EN 1819. Vue de la Banque. ℞. Double corne d'abondance, caducée ailé dans une couronne de chêne et de palmes. Octog. Arg .... TB.   5   »

746 CAISSE D'ÉPARGNE DE BORDEAUX FONDÉE EN 1819. ℞. Vue de la Caisse d'Épargne. Oct. Arg. TB.   6   »

747 LA GIRONDE. SOCIÉTÉ ANONYME D'ASSURANCES MARITIMES DE BORDEAUX. ℞. Le phare de Cordouan. Octog. Arg.................... TB.   5   »

748 Chambre de commerce de Bordeaux. Buste de Charles X. Proue de navire. 1826. Octog. Arg. TB.   5   »

749 Même jeton pour l'année 1828. Octog. Arg. TB.   5   »

750 Courtiers de commerce. 1833. Armes de la ville. ℞. Mercure debout, de face, la tête à g. ; au second plan, vue du port de Bordeaux. Octog. Arg.................................. TB.   3   »

751 Loge anglaise de l'Orient de Bordeaux, fondée en 1752. Arg....................... TB.   6   »

752 *Bernay*. CAISSE D'ÉPARGNE DE BERNAY. Armes de la ville. ℞. CONCOURS DÉVOUÉ, 1896, dans une couronne. Coin de Dubois. Octog. Arg.. TB.   5   »

753 *Château-Thierry*. Tête de femme, à dr. ℞. COMICE AGRICOLE DE L'ARRONDISSEMENT DE CHATEAU-THIERRY. AISNE. Arg....................TB.   3   »

754 *Caen*. Bustes accolés de Mercure et de Cérès, à dr. ℞. SOCIÉTÉ D'AGRICULTURE ET DE COMMERCE DE CAEN. FONDÉE EN 1762. Coin de Gatteaux. Arg.................................. TB.   4   »

755 *Dieppe*. Buste de Louis XVIII, à dr. ℞. CHAMBRE DE COMMERCE DE DIEPPE. DÉCRET DU VII FÉᵣ MDCCCIX. Octog. Arg.................. TB.   4   »

756 CHAMBRE DE COMMERCE DE DIEPPE. ℞. COMMERCE INDUSTRIEL. Mercure assis, à g. Oct. Arg. TB.   4   »

MANTES, dans une couronne de fleurs et de fruits. Arg.............................. TB. 4 50

787 *Meaux*. Buste de Louis XVIII, à dr. 1824. R⫯. TRIBUNAL CIVIL DE MEAUX. CHAMBRE DES HUISSIERS. Octog. Arg.'.................... TB. 3 »

788 *Nancy*. CHAMBRE DE COMMERCE. NANCY 1855. Vue de la Chambre de commerce. R⫯. Armes de la ville. Arg........................ TB. 4 50

789 *Nantes*. CHAMBRE DE COMMERCE. Vue de la Chambre de commerce. R⫯. Vaisseau. Arg....... TB. 4 »

790 La Chambre au tribunal de commerce. La Justice assise, à g. Même revers. Arg........ TB. 4 »

791 Tribunal de commerce. Armes de la ville dans un cartouche. Arg.................... TB. 4 »

792 *Nord*. Jeton de la Société Bayard de la Vingtrie. Soc⫯ᵗᵉ des cinq usines du Nord. Oct. Arg. TB. 5 »

793 *Orne*. Corbeille de fleurs. R⫯. SOCIÉTÉ D'HORTICULTURE DE L'ORNE. Cuiv. arg. Octog.... TB. 2 »

794 *Orléans*. ÉCLAIRAGE AU GAZ. USINES D'ORLÉANS. R⫯. Reverbère et usine à gaz. Octog. Arg.... TB. 3 50

795 SOCIÉTÉ D'HORTICULTURE D'ORLÉANS, dans une couronne de fleurs. R⫯. Instruments de jardinage. Octog. Arg.................... TB. 3 »

796 *Reims*. L'Étude assise, à g. R⫯. ACADÉMIE DE REIMS. Octog. Arg......................... TB. 5 »

797 *Rochefort*. Caisse d'épargne de Rochefort. Armes de la Ville. Octog. Arg............... TB. 3 50

798 *Rouen*. CAISSE D'ÉPARGNE ET DE PRÉVOYANCE MDCCCXX. R⫯. Armes ds la Ville. Octog. Arg....... TB. 5 »

799 Ruche et abeilles. R⫯. SOCIÉTÉ LIBRE DU COMMERCE ET DE L'INDUSTRIE DE ROUEN. Coin de Tiolier. Octog. Arg................... TB. 6 »

800 Société centrale d'horticulture. Fleurs, fruits et instruments de jardinage. Octog. Arg.... TB. 4 »

801 Académie scientifique et littéraire. Bustes accolés de Corneille, Fontenelle et Poussin. Arg.. TB. 5 »

802 Minerve assise, à dr., et montrant un temple au sommet d'une colline. R⫯. Sphère et trois fleurs de lis. Arg......................... TB. 4 »

803 Buste de Napoléon, à dr. 1847. R⫯. MONT-DE-
    PIÉTÉ DE ROUEN. Armes de la Ville. Octog.
    Arg................................... TB.   5   »

804 LA ROUENNAISE, ASSURANCES MUTUELLES CONTRE
    L'INCENDIE. Armes de la Ville. Octog. Arg. TB.   5   »

805 *Scarpe*. Canalisation de la Scarpe inférieure. Vue
    du canal. Arg....................... TB.   10   »

806 *Sens*. Armes de la ville. R⫯. SOCIÉTÉ ARCHÉOLO-
    GIQUE DE SENS. Octog. Arg............. TB.   3   »

807 *Sceaux*. SOCIÉTÉ DU JARDIN ET DES EAUX DE SCEAUX,
    FONDÉE EN 1799. R⫯. Vue du jardin de Sceaux.
    Octog. Arg........................ TB.   5   »

808 *Toulouse*. Assurances mutuelles contre la grêle.
    Gerbe d'épis dans une couronne de vigne.
    Octog. Arg........................ TB.   5   »

809 *Tourcoing*. L'UNION DES FILATEURS DE LAINES PEI-
    GNÉES DE TOURCOING. Armes de la Ville. R⫯.
    Usine. Octog. Arg.................. TB.   5   »

810 *Versailles*. Société des fêtes. Armes de Versailles.
    Arg............................... TB.   3   »

811 SOCIÉTÉ D'HORTICULTURE DE SEINE-ET-OISE. Bou-
    quet. R⫯. VERSAILLES 7 AVRIL 1840, dans une
    couronne. Arg..................... TB.   3   »

812 SEINE-ET-OISE. COMICE AGRICOLE. Charrue et gerbe
    d'épis. Arg........................ TB.   3   50

813 Entrepreneurs de bâtiments. Instruments de
    maçonnerie. Arg.................... TB.   3   50

814 *Vosges*. SOCIÉTÉ ANONYME DES PAPETERIES DU SOUCHE.
    Armes de Paris et de Sᵗ-Dié. Oct. Arg. TB.   6   »

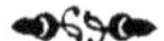

9 782329 592862